C·H·Beck
PAPERBACK

Carlo Masala

Bedingt abwehrbereit

Deutschlands Schwäche in der Zeitenwende

Ein Gespräch mit Sebastian Ullrich und Matthias Hansl

C.H.Beck

Originalausgabe

www.chbeck.de
Umschlaggestaltung: geviert.com, Christian Otto
Umschlagabbildung: Carlo Masala am 21. April 2022 bei Markus Lanz, ZDF Talkshow © Imago/teutopress
Satz: C.H.Beck.Media.Solutions, Nördlingen
Druck und Bindung: Druckerei C.H.Beck, Nördlingen
Printed in Germany
ISBN 978 3 406 80039 9

myclimate

klimaneutral produziert
www.chbeck.de/nachhaltig

Inhalt

Vorwort

Der Bundeswehr eine bedingte Abwehrbereitschaft zu attestieren, war schon mal riskanter als heute. Am 10. Oktober 1962 veröffentlichte das Nachrichtenmagazin «Der Spiegel» eine Titelgeschichte, die dieselbe Überschrift trug wie dieses Buch. Knapp zwei Wochen später rollte eine Verhaftungswelle durch die Republik. Spiegel-Herausgeber Rudolf Augstein landete ebenso in Polizeigewahrsam wie sein Redakteur Conrad Ahlers und weitere Mitarbeiter und Informanten des Magazins. Veranlasst hatte diese staatliche Überreaktion Verteidigungsminister Franz-Josef Strauß, für den die Enthüllungen besonders peinlich waren. Doch auch Bundeskanzler Konrad Adenauer sprach im Bundestag von einem «Abgrund von Landesverrat», weil geheime Ergebnisse des Nato-Stabsmanövers «Fallex 62» verwendet worden waren. Die liberale Öffentlichkeit sah in der Aktion dagegen zu Recht einen schwerwiegenden Angriff auf die Pressefreiheit. Am Ende waren alle Verhafteten wieder auf freiem Fuß, doch die Bundesrepublik fand sich in einer schweren innenpolitischen Krise wieder. Die sogenannte «Spiegel-Affäre» kostete Strauß sein Amt und gilt in ihren Wirkungen als wichtiger Meilenstein für die Liberalisierung der Bundesrepublik. Heute muss auch deswegen niemand mehr mit dem unangemeldeten Besuch der Staatsanwaltschaft rechnen, der ausspricht, was längst zum Allgemeinplatz geworden ist: dass die Bundeswehr gegenwärtig nicht in der Lage ist, ihren Verteidigungsauftrag zu erfüllen. Eher schon irritieren die Gelassenheit, mit der diese Diagnose hingenommen zu werden scheint, und das fehlende Tempo bei der Behebung der Missstände.

Liest man den damaligen Artikel heute, finden sich Sätze, die einem erschreckend bekannt vorkommen. «Es zeigte sich, daß die Vorbereitungen der Bundesregierung für den Verteidigungsfall völlig ungenügend sind …», «Die neun mobilen Divisionen der Bundeswehr …, die bereits auf Nato-Kommando hören, waren personell nicht aufgefüllt; es fehlte zudem an Waffen und Gerät.» «Für die Hunderttausende von Bundeswehrreservisten, die ihre Wehrpflicht hinter sich haben und die sich – nach Annahme der Kriegsspieler – an den Wehrleitstellen meldeten, gab es keine Offiziers- und Unteroffizierskader, und erst recht keine Waffen.» Mit anderen Worten: Die Bundesregierung hatte der Nato Fähigkeiten gemeldet, die die Bundeswehr gar nicht besaß – Potemkinsche Dörfer in der Bonner Republik. Strauß wollte den Bundeshaushalt schonen («Wir können es uns nicht leisten, unseren Lebensstandard … einzuschränken.») und traf damit auf offene Ohren bei Bundeskanzler Adenauer. Dieser gab Strauß laut Spiegel gar den Rat, «die fehlenden Brigaden ganz einfach durch ‹Fähnchen auf der Landkarte› zu ersetzen; ob diese Brigaden erst 1966 oder 1967 bereitstünden, sei doch nicht so wichtig. Aber man müsse der Nato gegenüber wenigstens den Schein wahren.» Fazit: «Die Bundeswehr hat heute – nach fast sieben Jahren deutscher Wiederbewaffnung und nach sechs Jahren Amtsführung ihres Oberbefehlshabers Strauß – noch immer die niedrigste Nato-Note: zur Abwehr bedingt geeignet.»

Die «Spiegel-Affäre» ereignete sich in einer Hochphase des Kalten Krieges. Nahezu zeitgleich stand die Welt aufgrund der Kuba-Krise an der Schwelle zum Atomkrieg. Die heutige Bundesrepublik kommt dagegen aus einer historischen Ausnahmesituation. Sie kann auf drei Jahrzehnte Frieden zurückblicken, in denen die eigene Sicherheit in Europa nicht mehr bedroht schien und die Fähigkeiten der Bundeswehr zugunsten drängenderer Probleme vernachlässigt wurden. In den Merkel-Jahren war es noch möglich auszublenden, was in der Welt vor sich ging. Die

Deutschen von den globalen Problemen abzuschotten, war bis zum Jahr 2015 geradezu ein unausgesprochener Deal zwischen Kanzlerin und Bevölkerung. Draußen mochte der Sturm toben, bei uns drinnen blieb es gemütlich warm. Doch es war eine Illusion, dass unsere Dämmung dauerhaft halten würde. Spätestens seit dem 24. Februar 2022, seit dem russischen Überfall auf die Ukraine, ist die Welt eine andere. Jetzt sind die Fensterscheiben zerborsten, und der eisige Wind fegt durchs Haus.

Seitdem ringt Deutschland um sein außen- und sicherheitspolitisches Selbstverständnis. Viele Gewissheiten stehen auf dem Prüfstand. Woran kann man festhalten, was muss man aufgeben? Was kann die Bundeswehr, was muss sie können? Gibt es eine Zeitenwende oder nicht doch eher ein Zeitenwendchen? Wohin entwickelt sich das internationale System, und wie können wir uns in der Welt der Zukunft behaupten? Wie gehen wir mit dem russischen Krieg gegen die Ukraine um? Wie ist der russische Angriff zu erklären? Und welche Wege führen zum Frieden? Das sind die Fragen, denen dieses Buch nachgeht, und es sind zugleich drängende politische Fragen, auf die nicht nur die Bundesregierung Antworten finden muss, sondern auch die deutsche Bevölkerung. Denn die Abwehrbereitschaft eines Landes bemisst sich nicht ausschließlich an den Fähigkeiten des Militärs. Sie ist, gerade in Zeiten der Cyber-Kriegsführung, der Desinformation und der Verwundbarkeit ziviler Infrastruktur, eine gesamtgesellschaftliche Aufgabe.

Im ersten Teil geht es um den Zustand der Bundeswehr: um ihre Fähigkeiten und Probleme, um die Gründe für ihre gegenwärtige Misere und um eine Bilanz der sogenannten Zeitenwende. Der zweite Teil blickt auf den russischen Krieg gegen die Ukraine: auf die deutsche Russland- und Ukrainepolitik vor dem 24. Februar 2022, auf die Vorgeschichte und die russischen Motive sowie auf mögliche Wege zum Frieden. Der dritte Teil beleuchtet die Entwicklung des internationalen Systems und fragt, was sie für Deutschland und seine außenpolitischen Optionen bedeutet: im Hinblick auf die immer noch weit verbreitete strategische Naivität gegenüber China, in Bezug auf die innenpolitische Instabilität der USA und die Verlässlichkeit ihres militärischen Schutzes, aber auch angesichts einer Europäischen Union, die sich selbst in Zeiten äußerer Bedrohung schwertut, sicherheitspolitisch handlungsfähig zu werden.

Das Buch geht zurück auf Gespräche, die im Mai 2023 in München geführt wurden. Es bietet ein sehr langes Interview, aber zugleich auch mehr als das. Es bildet gewissermaßen die gesellschaftliche Gesprächssituation ab, in der wir uns gerade befinden. Durch die Möglichkeit des Nachfragens und des Widerspruchs wird der Text offener und lebendiger, als es ein Thesenbuch allein zu sein vermöchte. Gerade bei Fragen, die gegenwärtig auch im privaten Raum erhitzt debattiert werden, mag das auf einen Resonanzraum in der Realität treffen. Denn auch wenn viele hoffen mögen, möglichst bald in die «Welt von Gestern» zurückkehren zu können, und die schwierigen Fragen am liebsten ignorieren würden, die gerade wie ein ungebetener Gast am Küchentisch sitzen: Die Probleme verschwinden nicht, wenn wir die Augen vor ihnen verschließen. Wir werden mit ihnen umgehen müssen. Wie das geschehen kann und was sich deswegen ändern muss, darüber bedarf es einer gesellschaftlichen Debatte. Vielleicht können die Fragen und Antworten dieses Buches anregend wirken für all die Diskussionen, die es in Deutschland gegenwärtig zu diesen Themen gibt: am Küchentisch oder wo auch immer sie heute geführt werden.

Carlo Masala, Sebastian Ullrich und Matthias Hansl
im August 2023

Kapitel 1

«Die Bundeswehr ... steht mehr oder weniger blank da»

Alfons Mais

Ernstfall: Was Deutschland und die Nato einem russischen Angriff entgegenzusetzen hätten

Als Russland die Ukraine überfiel, schrieb der Inspekteur des Heeres der Bundeswehr, Generalleutnant Alfons Mais, in einem Beitrag auf dem sozialen Netzwerk LinkedIn: «Die Bundeswehr, das Heer, das ich führen darf, steht mehr oder weniger blank da.» Stellen wir uns ein hypothetisches Szenario vor: Was wäre passiert, wenn ein Aggressor wie Russland die Bundesrepublik – mit den aktuellen militärischen Kapazitäten der Bundeswehr – überfallen hätte? Schon der Ukraine haben die meisten Beobachter nicht viel zugetraut. Auch Sie selbst waren am Anfang skeptisch, ob das Land mehr als ein paar Wochen verteidigungsfähig sei. Diese Skepsis hat sich schnell verflüchtigt. Hätte die Bundeswehr eine ähnliche Leistung wie die ukrainische Armee hinbekommen können? Welche militärischen Fähigkeiten hätte die Bundesrepublik Deutschland, wenn sie in dieser Weise angegriffen würde?

Das ist schon rein geografisch ein irreales Szenario, aber spielen wir es ruhig einmal durch. Wenn wir am 24. Februar 2022 konventionell an unseren eigenen Landesgrenzen von Russland angegriffen worden wären, hätten wir uns in einer noch deutlich schlechteren Lage befunden als die Ukraine. Die Ukrainer kämpften seit 2014 im Donbas gegen die sogenannten Separatisten, aber auch gegen die russische Armee. Uns dagegen hätte man mitten im Frieden überrascht, mit einer Armee und einer Bevölkerung, die weder materiell noch psychisch auf die Landesverteidigung vorbereitet gewesen wären.

Meines Erachtens hätte die Durchhaltefähigkeit der Bundeswehr in diesem Fall zwischen drei Tagen und zweieinhalb Wochen betragen, nicht länger. Allein weil uns die Munitionsvorräte schnell ausgegangen wären: Während des Kalten Kriegs haben wir für 30 Tage Munition vorgehalten – was den Nato-Vorgaben entspricht –, heute für drei. Und dabei reden wir noch gar nicht vom eigentlichen militärischen Material. Wir hätten schlichtweg zu wenige Panzerverbände, um ernsthaft Widerstand leisten zu können: Ungefähr 300 deutsche Kampfpanzer hätten ca. 3000 russischen Kampfpanzern gegenübergestanden. Die kleinste deutsche Marine aller Zeiten wäre einer Kombination aus russischer Ostsee- und Nordmeerflotte ebenfalls hoffnungslos unterlegen. Möglicherweise hätten wir zumindest in der Luftverteidigung gegenüber der russischen Luftwaffe einen Vorteil gehabt, da es der russischen Armee auch nicht möglich war, die Lufthoheit in der Ukraine zu erlangen, und das gegen eine ukrainische Luftwaffe, die der russischen eigentlich, was die reinen Materialzahlen anbetrifft, unterlegen war.

Nun hat sich aber auch die Ukraine den russischen Angreifern anfangs nicht in einer großen, offenen Schlacht gestellt, weder zu Land noch zu Wasser, noch in der Luft. Die größten Verluste entstanden, weil die russischen Truppen ungeschützt vorgerückt sind und in Hinterhalte gerieten. Hätte die Bundeswehr nicht eine ähnliche Taktik anwenden können, oder anders gefragt: Hat nicht gerade auch ein solches Panzerzählen zu einer Unterschätzung der ukrainischen Armee geführt?

In der Tat hat der sogenannte Jagdkampf, also Operationen hinter feindlichen Linien, auch Sabotage, im Ukrainekrieg eine Renaissance erlebt: Mit kleinen Jäger-Verbänden konnten die Ukrainer den vorrückenden russischen Einheiten empfindlichen Schaden zufügen. Allerdings hat die Bundeswehr genau diese Fähigkeiten zuletzt kaum noch trainiert, weil man sie nicht zu benötigen meinte. Die Bundeswehr hat nur noch fünf aktive Jägerbataillone. Hinzu kommen noch die drei Gebirgsjägerbataillone und die beiden Fallschirmjägerregimenter, die ebenfalls zum Jagdkampf in der Lage sind.

Der entscheidende Punkt ist für mich hier aber ein anderer. Die Ukrainer waren der russischen Armee auf dem Papier klar unterlegen, als die Invasion begann. Insofern stimmt es, dass das reine Panzerzählen ein falsches Bild vermittelte und viele Beobachter in die Irre führte. Allerdings kompensierte die Ukraine diese Unterlegenheit durch eine erstaunliche Moral ihrer Soldaten, die wiederum auf einer umfassenden Selbstmobilisierung der Bevölkerung beruhte. Dies war sicher auch eine Folge der anhaltenden Kämpfe seit 2014. Der russische Angriff traf auf eine Gesellschaft, die abwehrbereit war – ganz anders, als es Putin erwartet hatte.

Bei uns sehe ich diese gesellschaftliche Abwehrbereitschaft, diese Resilienz und Zähigkeit in der Bevölkerung und die daraus resultierende Kampfmoral nicht. Aber das ist auch gar nicht überraschend nach einer so langen Ära des Friedens. Wir waren in Bezug auf das Militär eine weitgehend zivile und friedfertige Gesellschaft. Politik und Bevölkerung hielten die Bundeswehr im Grunde für obsolet. Es braucht Zeit, bis sich so etwas ändert. Und deswegen glaube ich nicht, dass wir eine ähnlich rasante Mobilisierung der Gesellschaft in Deutschland erlebt hätten im Falle eines überraschenden Angriffs. In gewissem Ausmaß schon, aber nicht in der Breite wie in der Ukraine. Insbesondere dann nicht, wenn Russland wie in der Ukraine gezielt aus der Luft gegen die Zivilbevölkerung vorgehen würde.

Was hätten wir denn solchen Luftangriffen entgegenzusetzen?

Wenn uns die Russen gezielt mit Raketen angreifen würden, hätten wir – außer etwa 12 Patriot-Batterien für ein riesiges Flächenland – keine Abwehrmöglichkeiten. Bei massivem Beschuss würden ca. 90 Prozent der russischen Raketen auf deutschem Boden einschlagen. Das wäre nicht nur für die Zivilbevölkerung verheerend, sondern ebenso für die ungeschützte militärische Infrastruktur unseres Landes sowie die Munitions- und Rüstungsproduktion. Die könnte Russland innerhalb kürzester Zeit in Schutt und Asche legen, was unsere Durchhaltefähigkeit zusätzlich beschränken würde. Daher gehe ich auch davon aus, dass Russland uns in so einem Szenario, wie wir es gerade durchspielen, zunächst nicht mit ihren Panzerverbänden angreifen, sondern zuerst auf massiven Raketenbeschuss setzen würde.

Kurzum: Mit Blick auf das ganze militärische Spektrum, das bei einem konventionellen Angriff aktiviert werden müsste, ist leider festzuhalten, dass die Bundesrepublik nicht in der Lage wäre, wirklich dagegenzuhalten, so wie es die Ukraine geschafft hat. Wir stünden also tatsächlich blank da. Mit ihrer gegenwärtigen Ausrüstung und ihrer gegenwärtigen Truppenstärke von ca. 180 000 Mann könnte die Bundeswehr das Territorium der Bundesrepublik Deutschland nicht verteidigen.

Nun hatte aber auch die ukrainische Armee zu Beginn des Krieges nur eine Mannschaftsstärke von knapp 200 000. Entscheidend war die schnelle Mobilisierung, die sie innerhalb kurzer Zeit auf 500 000 anwachsen ließ. Die Ukraine hatte 2021 900 000 Reservisten. Wahrscheinlich würde es also auch bei einem Angriff auf Deutschland eine Mobilmachung geben: Hätten wir eigentlich noch die Ausrüstung dafür, wie es zur Zeit des Kalten Kriegs der Fall war?

Wir haben kaum etwas vorgehalten für den Fall einer Mobilmachung zur Verteidigung unseres eigenen Territoriums, das gilt nicht nur bei der Munition. Auf der Ebene der Nato konzentrierte man sich in der Zeit von 1990 bis 2014 auf Auslandseinsätze. Deutschland tat sich damit lange schwer, aber schließlich stellte man um, von der Ausrichtung der Bundeswehr auf die Territorialverteidigung zu einer Armee, deren vorrangiges Einsatzziel in Auslandseinsätzen bestand. Dann erfolgte 2014 in der Nato nach der russischen Annexion der Krim und den durch Russland initiierten Aufständen im Osten der Ukraine ein Schwenk zurück auf die Landes- und Bündnisverteidigung. Aber letzten Endes hat die Bundesrepublik diesen Schwenk nicht richtig mitvollzogen: Landesverteidigung blieb für uns eine unwirkliche Kategorie. Wenn man die gesamte Geschichte der Bundeswehr seit 1990, also seit der Wiedervereinigung, betrachtet, sind im Rahmen der Bundeswehr zum einen essenzielle Fähigkeiten abgebaut und aufgegeben worden und zum anderen auch alle Reservestrukturen, die wir einst hatten. Ein zwischenzeitliches Gegensteuern hat bislang noch keine Früchte getragen. Uns fehlen momentan die strukturellen Voraussetzungen, um eine Generalmobilmachung – oder eine wie auch immer geartete Mobilmachung – in der Bundesrepublik Deutschland auszurufen. Ungeachtet der Frage, wen man denn mobilisieren soll. In Deutschland haben heute nur noch Männer in einem eher fortgeschrittenen Alter irgendwann mal ihren Wehrdienst geleistet und rudimentäre Kenntnisse erlernt. Gleichzeitig existieren keine Strukturen, um große Mengen jüngerer Männer oder auch Frauen – je nachdem, wie diese Mobilmachung verlaufen würde – in relativ kurzer Zeit ausbilden zu können, um sie dann effektiv einzusetzen.

Von dem wenigen Material, das wir haben, ist zudem auch nur ein geringer Prozentsatz einsatzfähig, wie es heißt. Wie ist denn das Verhältnis von einsatzfähigem zu nicht einsatzfähigem Material?

In den Berichten zur Einsatzfähigkeit der Bundeswehr, die jährlich erscheinen, werden Werte zwischen 71 und 77 Prozent angeführt, je nach Waffensystem. Allerdings wird ein Trick angewandt, damit wir auf solche noch relativ hohen Werte kommen. Ein Beispiel: Wir verfügen in der Bundeswehr etwa über 300 Panzer, aber davon fließen lediglich diejenigen Exemplare in die Berechnung ein, die sich aktuell in der Truppe befinden, nicht jedoch die Panzer, die von der Industrie gewartet werden. Durch diese Milchmädchenrechnung kommt man zu einer Einsatzfähigkeit des Waffensystems Panzer von 77 Prozent, die tatsächlich, mit Blick auf die Grundgesamtheit der 300 Panzer, viel niedriger liegt.

Dass so wenige Waffensysteme tatsächlich einsatzbereit sind, hat viel damit zu tun, dass kaum noch in der Truppe gewartet wird. Zugespitzt formuliert: Dort ist die Fähigkeit zur einfachen Wartung kaum noch vorhanden, seit man sie – Stichwort Outsourcing – komplett auf die Industrie verlagert hat. Teilweise macht das Sinn, weil die Waffensysteme, die wir haben, hochkomplex und hochtechnisiert sind. Dadurch sind sie auch viel störanfälliger. Hochmoderne Panzer fallen beispielsweise häufiger aus als traditionelle, klassische Panzer, die noch mit viel weniger Elektronik ausgestattet waren. Wenn dann in der Truppe auch noch die einfachen Wartungskapazitäten abgebaut werden, die es früher noch gab, sind auf einmal sehr viele Waffensysteme nicht mehr einsatzfähig, weil sie wegen jeder Kleinigkeit aufwändig in die Industriebetriebe gebracht werden müssen.

Sind diese wartungsbedürftigen Systeme denn prinzipiell nicht einsatzfähig? Oder wären sie unter Kriegsbedingungen einsatzfähig und sind es jetzt nur nicht, weil es bestimmte vorgeschriebene Wartungsintervalle gibt? Müssen diese Panzer, um im Beispiel zu bleiben, also laut Dienstvorschrift zu einem bestimmten Zeitpunkt regelmäßig zur Wartung irgendwohin gebracht werden, obwohl sie eigentlich funktionieren würden?

Wenn man sie bräuchte, wäre ein Teil der Systeme, die man jetzt als nicht einsatzfähig deklariert, durchaus einsatzfähig. Auch in der Bundeswehr herrscht mittlerweile leider so eine Art TÜV-Mentalität vor. Das heißt, dass der Panzer, der in Deutschland fährt, nur fahren darf, wenn er alle Bedingungen erfüllt, die der TÜV ihm auferlegt. Das würde sich in Kriegszeiten sicherlich anders darstellen. Da würde man, hoffe ich, diese Vorschriften aussetzen. Und dann könnte auch der Panzer, der in Friedenszeiten zur Wartung müsste, auf deutschen Straßen fahren. Das würde die Einsatzbereitschaft dann schon etwas erhöhen.

Und wie steht Deutschland im internationalen Vergleich da? Gibt es etwa in Frankreich ähnliche Vorschriften, oder ist diese TÜV-Mentalität eine deutsche Spezialität?
Das ist eine deutsche Spezialität. Allerdings stehen die drei wichtigsten europäischen Nato-Länder alle nicht besonders gut da, was die Einsatzfähigkeit ihrer Streitkräfte anbelangt. In Großbritannien und Frankreich sieht es also nicht viel besser aus. Frankreich hatte 2022 ein Verteidigungsbudget von 53,64 und Großbritannien von 62,3 Milliarden Euro. Beide Staaten finanzieren aus diesem Budget aber auch ihre Nuklearstreitkräfte, so dass für den konventionellen Bereich nicht mehr Geld zur Verfügung steht als in der Bundesrepublik Deutschland.

Ist das, wie angedeutet, eine Folge immer komplexerer, hochtechnisierter Systeme? Und ist es dann vielleicht sogar ein Irrweg, immer anspruchsvoller, immer vernetzter werden zu wollen, weil man damit auch immer anfälligere Systeme schafft? Die Devise könnte stattdessen lauten: Wir wollen in der Breite robustere Systeme, die nicht immer die neueste Computertechnik haben müssen, mit einfacheren Mechaniken, die weniger anfällig sind.
Der ehemalige Generalinspekteur der Bundeswehr Eberhard

Zorn hat vor wenigen Jahren tatsächlich robustere Systeme gefordert, und damit hatte er natürlich einen Punkt. Eine Armee wie die Bundeswehr muss die ganze Spannbreite an Systemen abdecken. Der Schützenpanzer Puma zum Beispiel ist ein gepanzerter Computer, der – genauso wie alle anderen Computer auch – eine hohe technisch bedingte Störanfälligkeit aufweist. Man braucht jederzeit auch Waffensysteme, die den Puma ersetzen können, wenn er ohne Feindbeschuss ausfällt. Dafür bedarf es robusterer, weniger komplexer Systeme. Der Wunschtraum wäre ein hochkomplexes System, das jederzeit in einen sehr rudimentären, weniger störanfälligen Modus umschalten kann. Das ist oft unrealistisch, dennoch gilt: Wir brauchen beides, also das Hochkomplexe und das Robuste. Wer nur auf Hochtechnologie setzt, handelt sich Probleme ein, insbesondere im Zeitalter der hybriden Kriegsführung.

In Deutschland hält man sich ja gerne für besonders fähig und gut organisiert, aber wenn Ihre Prognose zutrifft, dann wäre die Bundesrepublik zu einer solchen militärischen Leistung wie die Ukraine gar nicht in der Lage. Doch zu unserem Glück handelt es sich bei dem Szenario eines direkten und isolierten russischen Angriffs auf Deutschland um ein sehr unrealistisches Planspiel, wie Sie ja schon gesagt haben. Zum einen stehen die russischen Divisionen nicht an der deutschen Grenze, da wir im Gegensatz zur Zeit des Kalten Kriegs kein Frontstaat mehr sind. Und zum anderen kämpfen wir – wie ja auch schon während des Kalten Kriegs – nicht allein, sondern im Verbund der Nato mit unseren Verbündeten und Partnern. Wie würde denn ein realistischeres Planspiel aussehen, also wenn ein russischer Angriff auf Nato-Gebiet erfolgte, etwa auf Polen oder das Baltikum?

Im Bereich der Luftverteidigung hat die Nato im Großen das gleiche Problem wie die Bundesrepublik Deutschland im Kleinen. Wenn der Angriff auf Polen oder auf die baltischen Staaten durch massiven Raketenbeschuss erfolgen würde, wären nicht genügend Luftverteidigungssysteme vorhanden, um die europäischen Bürger zu schützen. Das ist die Achillesverse des Bündnisses, staatenübergreifend. Man muss immer dazu sagen: in Europa. Die Amerikaner haben noch einmal ganz andere Verteidigungskapazitäten. Aber in Europa haben die einen Nato-Partner ein bisschen mehr, die anderen ein bisschen weniger, insgesamt ist es zu wenig. Deshalb hat Deutschland im August 2022 eine große europäische Initiative (European Sky Shield Initiative) zum Schließen dieser Lücke angekündigt.

Im konventionellen Bereich der Panzer, Flugzeuge, Hubschrauber und Fregatten ist die Nato auch innerhalb Europas der Russischen Föderation eindeutig überlegen. Aber der Angriff auf Polen oder die baltischen Staaten würde zunächst durch Raketen erfolgen, gegebenenfalls auch taktische Nuklearwaffen. Aus historischen Quellen wissen wir, dass es innerhalb des Warschauer Pakts Planungen gab, in der ersten Welle eines Angriffs bis zu 400 taktische Nuklearwaffen im Kriegsgebiet Mitteleuropa bzw. Deutschland einzusetzen.

Ist Russland in dieser Hinsicht verteidigungsfähiger als die Nato in Europa?

Soviel wir wissen, haben sie keine bessere Luftverteidigung. Aber sie haben mehr Raketen als wir.

Aber warum hat die Ukraine ihren Luftraum dann bisher so gut verteidigen können?

Die Verteidigung des Luftraums und die Luftverteidigung sind zwei unterschiedliche Dinge. Bei einem Angriffskrieg versucht der Angreifer zunächst einmal, die Kontrolle über den Luftraum zu erlangen, um die Sicherheit seiner vorrückenden Bodentruppen zu garantieren. Dass es der Russischen Föderation in der

Ukraine nicht gelungen ist, den Luftraum zu erobern, hatte im Wesentlichen zwei Gründe: schlechte Kommunikation und unpräzise Munition. Die russischen Bodentruppen haben mit der russischen Luftwaffe über unverschlüsselte Kanäle mit geringer Reichweite kommuniziert. Dadurch waren die russischen Flugzeuge gezwungen, tiefer zu fliegen als üblich, um mit ihren Bomben nicht die eigenen Soldaten zu treffen. Dadurch gerieten sie in die Reichweite schultergestützter Waffen. All die gelieferten MANPADS (Man Portable Air Defense Systems = Ein-Mann-Boden-Luft-Raketen) wie Stinger oder Strela konnten also nur erfolgreich sein, weil die Kommunikation auf russischer Seite so schlecht war. Hinzu kommt zweitens, dass die russischen Bomber keine Präzisionsmunition hatten, die in relativ großer Höhe abgeworfen wird und ihren Weg zum Ziel anschließend selbst findet. Daher auch hier der Zwang, tiefer zu fliegen, damit eine Bombe dieses Haus oder jene Kaserne trifft. Dennoch haben die Russen seit der ersten Angriffswelle auch mit Raketen gearbeitet, die ungehindert durchgekommen sind. Die modernen Luftverteidigungssysteme, etwa vom Typ Patriot oder IRIS-T SLM, wurden erst spät in die Ukraine geliefert; seitdem sind die Ukrainer auch besser in der Luftverteidigung, also darin, russische Raketen abzuschießen, wenn auch bei weitem nicht alle.

Nun hätte die Nato auch eigene Luftstreitkräfte, also Kampfflugzeuge, die den ukrainischen deutlich überlegen sind. Wenn die Russen es schon über der Ukraine nicht schaffen, wären sie doch noch weniger in der Lage, die Lufthoheit über Nato-Territorium zu erlangen?

Nein, dazu wären sie nicht imstande. Im konventionellen Bereich – und dazu zählen auch die verschiedenen Luftwaffen der Nato-Staaten – sind wir der Russischen Föderation klar überlegen. Das wissen die Russen auch. Deswegen haben sie in den letzten Jahren so viel in Raketen investiert, weil sie sehr klar sehen, dass sie eine konventionelle Auseinandersetzung mit der Nato wohl nicht gewinnen können.

Wenn die einzige Chance Russlands darin besteht, mit massivem Raketenbeschuss und gegebenenfalls taktischen Atombomben eine Einschüchterung zu erzielen, weil die Russen wissen, dass sie im konventionellen Bereich klar unterlegen sind – kann man innerhalb der Nato-Staaten dann überhaupt von einer realistischen Bedrohungslage sprechen?

Ich glaube nicht, dass eine realistische Bedrohung für Nato-Territorium existiert – mit einer Ausnahme. Die baltischen Staaten könnten aufgrund ihrer geografischen Lage und geringen Größe tatsächlich relativ schnell von den Russen eingenommen werden. Deshalb hat die Nato auf ihrem Gipfel in Warschau im Juli 2016 auch eine Beistandshilfe für das Baltikum beschlossen, die aus multinationalen Kampfverbänden bestehende Enhanced Forward Presence. Sie ähnelt dem «Stolperdraht», den die Nato einst an der innerdeutschen Grenze installiert hatte. Dabei handelt es sich um eine nur geringe Truppenpräsenz: ein Bataillon von maximal 1500 Mann, die bei einer großangelegten russischen Invasion, wie wir sie in der Ukraine beobachtet haben, schnell überrannt würden. Allerdings wären dann deutsche, französische und Soldaten anderer europäischer Nato-Mitgliedstaaten sofort in die Kämpfe verwickelt, was wiederum die Wahrscheinlichkeit erhöhen würde, dass diese Staaten das Baltikum anschließend auch rückerobern.

Nun hat die Nato wegen des russischen Angriffskriegs in der Ukraine auf dem Gipfel in Litauen im Juli dieses Jahres ihren Ansatz modifiziert. Jetzt lautet die Devise, dass man das Baltikum am besten gleich richtig im Baltikum verteidigt. Deswegen will man jetzt möglichst viel Gerät vor Ort schaffen, auf das man im Kriegsfall sofort zugreifen könnte. Dazu gehört auch das Vorhaben, eine deutsche Brigade permanent in Litauen zu stationieren. Olaf Scholz hat bereits nach dem Besuch des lettischen Ministerpräsidenten Krišjānis Kariņš in Berlin gesagt, künftig jeden Quadratzentimeter des Nato-Territoriums verteidigen zu wollen. Der Kampf um Litauen soll also auch wirklich in Litauen, der Kampf um Estland in Estland und der Kampf um Lettland in Lettland beginnen, falls es einmal so weit kommt.

Wird die Verteidigung des Baltikums durch die Nato-Mitgliedschaft von Schweden und Finnland erleichtert?

Plakativ gesprochen: Erstens wird der Ostseeraum durch den Beitritt Finnlands und Schwedens zu einer Art Nato-Binnenmeer, weil alle Anrainerstaaten bis auf Russland mit seinen kleinen Küstenstreifen um St. Petersburg und die Enklave Kaliningrad dann Nato-Mitglieder sind. Dadurch werden Operationen der russischen Marine in der Ostsee deutlich erschwert. Zweitens besteht für die Nato im Baltikum zwar weiterhin das Problem der Suwalki-Lücke, das durch den finnischen und schwedischen Beitritt jedoch gelindert wird. Bisher war der Nachteil für die Nato, dass dieses kleine Gebiet mit gerade einmal knapp 60 Kilometer Breite im Dreieck zwischen Polen, Belarus und Litauen die einzige Landverbindung der baltischen Staaten mit den übrigen Nato-Partnern darstellt; es trennt gleichzeitig das Territorium Kaliningrads von Belarus. Alle Follow-on-Forces, also jene Kräfte, die nach einem russischen Angriff auf die baltischen Staaten von der Nato zur Verteidigung entsendet werden könnten, müssten durch diese Lücke hindurchkommen. In Kaliningrad sind S-400-Flugabwehrsysteme und Iskander-Mittelstreckenraketen stationiert; kürzlich hat Wladimir Putin angekündigt, solche Waffensysteme auch in Belarus, also einem Regime von seinen Gnaden, zu stationieren. Fortan könnten im Kriegsfall also von zwei Seiten Iskander auf nachrückende Nato-Truppen in der Suwalki-Lücke abgeschossen werden. Durch den Nato-Beitritt Finnlands und Schwedens bestünde nun aber die

Möglichkeit, Nato-Verbände unter Umgehung der Suwalki-Lücke über die beiden neuen skandinavischen Mitgliedstaaten nachzuführen, maritim zu verlegen und auf zwei Flanken gegen Russland vorzugehen. Durch Schweden und Finnland gerät zudem der russische U-Boot-Hafen und Militärstützpunkt mit Langstreckenbombern auf der Halbinsel Kola am Nordpolarmeer unter Druck, weil dessen Versorgungsroute nach St. Petersburg und Moskau leicht zu attackieren wäre – ein strategischer Nachteil auch für die russische Nordmeerflotte mit ihren Atom-U-Booten.

Umgekehrt ist Kaliningrad auch für Russland gar nicht so leicht zu verteidigen. Im Kriegsfall wäre die Versorgungsfähigkeit dieser Enklave durch die Nato-Mitgliedschaft von Finnland und Schweden noch stärker gefährdet. Gibt es denn Pläne der Nato, Kaliningrad im Fall der Fälle schnell zu erobern?
Es gibt Pläne, die von Kaliningrad ausgehende Bedrohung zu neutralisieren, allerdings nicht erst seit dem Aufkommen der Option, dass Finnland und Schweden Nato-Mitglieder werden.

Während des Kalten Kriegs hat die Bundesrepublik Deutschland als Frontstaat einen Großteil der konventionellen Panzertruppen für die Nato gestellt. Diese Rolle scheint jetzt an Polen übergegangen zu sein.
Definitiv. Polen versteht sich als Frontstaat des neuen Kalten Kriegs und handelt auch entsprechend – wenn man allein betrachtet, wie grundlegend die Polen ihre Armee umrüsten und wie groß sie vor allem im Bereich der Panzer und gepanzerten Fahrzeuge einkaufen. Olaf Scholz hat gesagt, Deutschland wolle die stärkste konventionelle europäische Streitmacht in der Nato werden. Die Entwicklung deutet allerdings eher darauf hin, dass Polen auf lange Sicht die stärkste nichtnukleare europäische Macht in der Nato sein wird. Warschau kauft im Bereich kon-

ventioneller Waffensysteme bereits in großem Stil amerikanisches und südkoreanisches Kriegsgerät ein. Damit wird Polen zum konventionellen Premiumpartner der USA in Europa. Neben der Aufrüstung der eigenen Armee steckt dahinter auch das Motiv, die Präsenz amerikanischer Truppen in Polen dauerhaft nicht nur sicherzustellen, sondern auch zu erhöhen. Wenn es nach Warschau geht, war die Ende März 2023 in Posen offiziell in Dienst gestellte erste ständige US-Garnison in Polen erst der Anfang.

Eine Verletzung der Nato-Russland-Grundakte von 1997?

Ja, diese Entwicklung ist heikel. Durch die Nato-Russland-Grundakte wollte man Russland ursprünglich die Osterweiterung schmackhaft machen. Denn die Nato hat sich in dieser völkerrechtlichen Absichtserklärung dazu verpflichtet, weder taktische Nuklearwaffen noch dauerhaft substanzielle Kampftruppen auf dem Territorium neuer Nato-Mitgliedstaaten zu stationieren. Folgerichtig war die Nato auch gewillt, in diesen Ländern auf die Errichtung einer permanenten Truppenbasis, wie etwa das Hauptquartier der Nato-Kommandobehörde zur Führung von Luftstreitkräften in Ramstein, zu verzichten. Bis heute ist aber unklar, was der Terminus «substanzielle Kampftruppen» in der Nato-Russland-Grundakte konkret bedeutet. Die Russen und die Amerikaner haben sich am Rande einer OSZE-Konferenz später wohl nur mündlich darauf verständigt, dass damit eine Truppenstärke von ca. 5000 Mann gemeint ist. Die ständige Garnison in Posen und die Präsenz von über 10 000 US-Soldaten in Polen kämen demnach bereits einer Verletzung der Nato-Russland-Grundakte gleich, allerdings nur dann, wenn es sich wirklich um Kampftruppen handelt. Momentan ist aber eher von der Stationierung von Logistikern die Rede. Freilich kann man darüber diskutieren, ob die Grundakte im Zuge der völkerrechtswidrigen Annexion der Krim und erst recht des russischen Angriffskriegs in der Ukraine nicht ohnehin obsolet geworden ist. Dennoch wurde sie seitens der Nato und der Amerikaner bislang nie aufgekündigt, d. h., sie gilt für das Bündnis weiter. Und sehr wahrscheinlich hat es etwas mit der Nato-Russland-Grundakte und diplomatischen Erwägungen zu tun, dass die USA zwar bereit sind, eine gewisse Truppenpräsenz in Polen aufzubauen, aber noch nicht in dem Maße, wie Polen sich das wünscht.

Haben denn die USA überhaupt ein Interesse, ihre militärische Präsenz in Europa dauerhaft auszubauen?

Nein, in den Vereinigten Staaten herrscht lagerübergreifend kein Interesse an einer massiven Präsenz amerikanischer Streitkräfte in Europa, wie sie im Moment, vor allem als Folge des 24. Februar 2022, mit über 100 000 Soldaten und Soldatinnen und beachtlichem Kriegsgerät gegeben ist. Weder die Biden-Administration noch die Republikaner wollen sich langfristig derart in Europa binden, denn ihr Hauptaugenmerk liegt eindeutig auf dem sich zuspitzenden Konflikt mit China in Asien. Die aktuelle National Security Strategy verdeutlicht diese geopolitische Gewichtung. Zwar werden China und Russland in der Überschrift noch als vergleichbare Bedrohungen angeführt; doch bei genauerer Betrachtung des Papiers zeigt sich, dass Russland allein wegen seiner 6000 nuklearen Sprengköpfe, China jedoch in jeder Hinsicht als Gefährdung der amerikanischen Vormachtstellung in der Welt wahrgenommen wird: im Hinblick auf das politische System, die Aufrüstung, die Wirtschaft. Die Eindämmung Russlands, das im Zuge des Ukrainekriegs ständig mit dem Einsatz von Nuklearwaffen droht, und die Herstellung strategischer Stabilität in Europa halten die USA letztlich nur von der eigentlichen chinesischen Herausforderung ab, so die amerikanische Analyse. Denn in der Sicherheitsstrategie lässt sich auch nachlesen, dass die Europäer künftig mehr Verantwortung für ihre

Sicherheit übernehmen müssen, damit die Vereinigten Staaten nach dem Ende des Ukrainekriegs ihre Truppenstärke in Europa deutlich reduzieren und die dadurch frei werdenden Ressourcen in Asien einsetzen können. Zum Vergleich: Vor dem russischen Angriff auf die Ukraine lag die US-Truppenstärke in Europa bei lediglich 60 000 Soldatinnen und Soldaten.

Was könnten wir denn ohne die Amerikaner? Seit Jahren fordern die USA höhere Militärausgaben der Europäer, doch bewegt hat sich lange nichts. Die Deutschen etwa haben der Nato schon vor langem Zusagen gemacht, die sie anschließend nicht einhielten. Andere Europäer haben genauso gehandelt. Könnte es sein, dass die Nato in Europa zwar auf dem Papier über eine funktionierende Verteidigung verfügt, aber nicht, wenn es tatsächlich zum Verteidigungsfall käme?

Heeresinspekteur Mais hat vor einigen Monaten bekräftigt, dass die Division von 30 000 Mann plus dazugehörige Versorgungskräfte, die Deutschland der Nato für 2025 zugesagt hat, akut gefährdet und noch nicht einmal zu 40 Prozent einsatzbereit ist. Bei der Nato-Übung Trident Juncture Ende Oktober 2018 haben die Deutschen zwar zum ersten Mal eine komplette Brigade nach Norwegen verlegt, aber der dazu erforderliche Aufwand hat die restlichen Teile der Bundeswehr allein schon ausrüstungstechnisch enorm geschwächt. Für die Brigade mussten zum Beispiel Handschuhe aus der ganzen Bundeswehr eingesammelt werden. Überspitzt formuliert: Wenn wir unsere Verpflichtungen gegenüber der Nato einhalten und eine Division von 30 000 Mann auf die Beine stellen, fallen unsere übrigen ca. 150 000 Soldaten und Soldatinnen aus. Insofern haben wir – und überdies auch andere Nato-Mitgliedstaaten – ernsthafte Probleme, die Nato-Verpflichtungen zu erfüllen, weil der Preis, den der Rest der Truppe dafür bezahlt, enorm hoch ist. Ein anderes Beispiel: Bei der Very High Readiness Joint Task Force, dem schnell verlegbaren Eingreifverband der Nato im Rahmen der Nato Response Force (ca. 20 000 Soldaten und Soldatinnen), haben die militärisch vermeintlich so schlagkräftigen Briten ausgerechnet Deutschland darum bitten müssen, unsere sechsmonatige Zuständigkeit für den Verband kurzfristig zu verlängern, weil sie nicht in der Lage waren, das dafür erforderliche Truppenkontingent rechtzeitig zusammenzubekommen. Wie gesagt: Um den Zustand der Streitkräfte ist es anderswo in der Nato nicht immer besser bestellt. Das ist nicht verwunderlich nach einer so langen Zeit des Friedens in Europa, muss sich aber dringend ändern, wenn Europa auch ohne die USA oder bei einer reduzierten US-Präsenz verteidigungsfähig bleiben will.

Geht die Debatte hierzulande also in die falsche Richtung, wenn wir rund um das Sondervermögen von 100 Milliarden Euro immer von Aufrüstung sprechen? Die Kapazitäten auf dem Papier reichen für die Verteidigung im Verbund ja aus, sie müssten nur auch vorhanden sein. Geht es folglich weniger um Aufrüstung als um Ausrüstung?

Im Zusammenhang mit den 100 Milliarden von Aufrüstung zu sprechen, geht in die völlig falsche Richtung. Es geht um Ausrüstung. Wir haben der Nato in den letzten Jahren Kapazitäten im hohen zweistelligen Milliardenbereich (Minimum 60 Milliarden Euro) versprochen und gemeldet, ohne sie wirklich zu beschaffen. Das heißt, dass die Bundeswehr nun endlich Geld erhält für Dinge, die sie eigentlich schon längst zugesagt hat – und vielleicht noch ein bisschen mehr. Aber mit Aufrüstung hat das nichts zu tun, sondern es handelt sich nur um die überfällige Ausrüstung der Truppe, deren Kapazitäten man bislang bloß vorgegaukelt hat.

Sie haben erwähnt, dass in den anderen europäischen Armeen auch nicht alles Gold ist, was glänzt, selbst bei den Briten nicht.

Nun neigen die Deutschen dazu, Debatten zu führen, in denen sie selbst oft nicht sehr gut wegkommen. Ist die Bundeswehr im Vergleich unter den Blinden vielleicht doch noch der Einäugige?
Unter den Blinden ist Deutschland schon sehr blind. Wir haben nach 1990 am stärksten, radikalsten und vielleicht am deutschesten die Friedensdividende eingefahren. Letztlich gibt es in Europa, was Größe und wirtschaftliche Leistungsfähigkeit angeht, ja nur zwei Vergleichspartner: Großbritannien und Frankreich. Sie haben nach dem Zusammenbruch der Sowjetunion zwar ebenfalls Geld gespart, blieben als Mitglieder des UN-Sicherheitsrates jedoch ihrem Anspruch treu, in geo- und sicherheitspolitischen Kategorien zu denken und zu handeln, insbesondere was die Aufrechterhaltung ihrer nuklearen Fähigkeiten betrifft. Bei uns hat man sich dagegen von diesem Denken radikaler verabschiedet als irgendwo sonst. Dass wir eine Bundeswehr brauchten, ließen wir gerade noch durchgehen. Das war der Auftrag aus dem Grundgesetz: Der Bund stellt Streitkräfte zur Verteidigung auf … Was diese Armee aber können musste, wozu man sie gebrauchen, wie man sie politisch einsetzen konnte, auch im Sinne des Friedens und kollektiver Sicherheit, darüber gab es schon keine Vorstellung mehr. Die Zeiten, in denen wir uns solche Fragen gestellt hatten, schienen vorbei. Und die Leute, die sich weiter damit beschäftigten, hatten in der Regel keinen politischen Einfluss mehr.

Friedensdividende: Wie die Bundeswehr nach 1990 zur Pannenarmee wurde

Die deutsche Panzertruppe war in Zeiten des Kalten Kriegs in der Sowjetunion gefürchtet und galt als das Rückgrat der Nato in Europa. Von einst 4500 Panzern sind heute 300 übrig geblieben, die Ihrer Meinung nach gerade einmal drei Tage durchhal-

ten würden – ein besonders eklatantes Beispiel für die militärische Schwäche Deutschlands. Wie konnte es passieren, dass die einst so schlagkräftige und einsatzfähige Bundeswehr so sehr an Fähigkeiten verloren hat?

Da kommen mehrere Faktoren zusammen. Zunächst sah der Zwei-Plus-Vier-Vertrag vor, dass die Truppenstärke der Bundeswehr von über 600 000 (zusammen mit den alten Kontingenten der Nationalen Volksarmee der DDR) kurz nach der Wiedervereinigung auf maximal 350 000 reduziert wird. Nach der Implosion der Sowjetunion lag Russland in den frühen 90er Jahren wirtschaftlich am Boden, und zwischen seiner Westgrenze und der Bundesrepublik Deutschland hatte sich durch die Demokratisierungswelle in Mittel- und Osteuropa und die Auflösung des Warschauer Pakts eine komfortable Pufferzone gebildet. Die Vorstellung, dass ein umfassender Angriff auf das Territorium der Bundesrepublik Deutschland, ja selbst auf einen unserer östlichen Bündnispartner erfolgen könnte, bedurfte schon eines hohen Maßes an Fantasie, obwohl es in der Hochphase der Jelzin-Ära immer wieder Befürchtungen gab, Russland könne in einen neokommunistischen oder neofaschistischen Staat abgleiten. Die russische Armee war nach dem Zusammenbruch der Sowjetunion desintegriert und korrupt wie nie zuvor. Die Kommandeure setzten ihre Soldaten eher zur Sicherung ihrer eigenen Pfründe ein, als sich um eine kampffähige Truppe zu kümmern. Folglich wurden für den unrealistischen Fall eines russischen Angriffs auch keine Planungen mehr getroffen.

Für die Vernachlässigung der Bundeswehr war nicht minder erheblich, dass wir in der wohl einmaligen historischen Konstellation nach 1991 eine kontinuierliche Friedensdividende eingefahren haben. Der Verzicht auf ein hohes Verteidigungsbudget, das zur Aufrechterhaltung der Landesverteidigung vonnöten ist, sparte der Bundesrepublik viel Geld, das anderweitig eingesetzt werden konnte (zum Beispiel für den «Aufbau Ost»). Jeder Bundesverteidigungsminister war fortan damit beschäftigt, Abwehrkämpfe zu führen, um eine noch stärkere Absenkung des Verteidigungshaushalts zu verhindern. Vor diesem Hintergrund sind auch die drei Reformen der Bundeswehr zu verstehen, die zu einer immer geringeren Truppenstärke, zur Auflösung zahlloser Verbände und zur Aufgabe immer mehr grundlegender Fähigkeiten geführt haben. Einen beachtlichen Teil des vorhandenen Geräts hat die Bundesrepublik zudem gewinnbringend ins Ausland verkauft. Ein zusätzlicher Triebfaktor dieser Entwicklung war das ab Mitte der 90er Jahre stark um sich greifende Modell des Outsourcings, das aus den USA zu uns herüberschwappte. Pointiert formuliert: Der deutsche Staat hat eine seiner Kernfunktionen, nämlich die Organisation von Sicherheit nach außen, der neoliberalen Agenda geopfert.

Wie meinen Sie das konkret?

Kaum ein Bereich in der Bundeswehr blieb von neoliberaler Privatisierung verschont. Natürlich muss nicht jede Truppenküche von der Bundeswehr unterhalten werden, das ist auch klar. Aber war es zum Beispiel sinnvoll, den ganzen Fuhrpark zu privatisieren? Die Truppe wurde vor dem Hintergrund dieser globalen Veränderungswelle sukzessive verkleinert, Material wurde abgegeben bzw. reduziert. Irgendwann ist die Bundeswehr dann zum dynamischen Verfügbarkeitsmanagement übergegangen, und dadurch hielt – überspitzt formuliert – in der Truppe auch eine Art Mietwagenmentalität Einzug. Wenn Sie als Privatperson von München nach Köln fahren müssen und die Bahn streikt, Sie aber kein Auto besitzen, mieten Sie sich eines bei einem der einschlägigen Unternehmen am Münchner Hauptbahnhof. Da es in Deutschland kein Tempolimit gibt, brettern Sie zwischendurch mit 240 km/h über die freie Autobahn, ganz egal, ob Sie den Motor überdrehen und Lager, Ventile, Zylinder und Kolben in Mitleidenschaft gezogen werden. Es ist ja nicht

Ihr Wagen, den Sie in Köln einfach nur abgeben müssen, ganz genau schaut da schon keiner hin. Nach Ihnen die Sintflut! Es reicht, wenn Sie einen Unfall vermeiden. Diese Logik ist in gewisser Hinsicht auf die Bundeswehr übertragbar. Die verschiedenen Einheiten haben im strengen Sinne keine eigenen Panzer oder Fahrzeuge mehr, sondern erhalten sie nur vorübergehend zu Übungszwecken. Eher früher als später werden diese Panzer oder Fahrzeuge an eine andere Einheit abgegeben – ein Prozedere, dass die Bindung des einzelnen Soldaten an sein Gerät automatisch schwächt und auch unlängst beim Puma-Debakel eine Rolle gespielt hat. Wie man im Militär sagt: Die Böcke werden einfach verheizt, weil es nicht die eigenen Böcke sind. Es gäbe noch eine Reihe weiterer Beispiele, die man diesbezüglich anführen könnte. Fakt ist: Wir wollten effizient sein, hatten dann aber eine Armee, die kleiner war, weniger Material hatte, ja regelrecht kaputtgespart war und verlernt hatte, welche Aufgaben sie in ihrer Gänze erfüllen musste. Im Rahmen der aufkommenden Auslandseinsätze der Bundeswehr hat man die Armee zwar wieder im kleinen Maßstab umgestaltet, also eine kleine Truppe für diese Auslandseinsätze trainiert. Aber letzten Endes fehlte die große Idee für das, was diese Armee laut ihrer grundgesetzlichen Bestimmung sein sollte: der Garant für die Landes- und nachgelagert auch die Bündnisverteidigung.

Mit dem Zusammenbruch des Ostblocks ist für die gesamte Nato das Bedrohungsszenario eines sowjetischen Angriffs weggefallen. Inwieweit hat Deutschland mit der Reduzierung seiner militärischen Fähigkeiten nur eine allgemeine Entwicklung vollzogen, etwa im Rahmen der Nato-Einsatzplanung nach 1991?

Nach dem Wegfall des großen Gegners Sowjetunion veränderte die Nato ihre Haltung grundlegend: Russland schien sich zu demokratisieren und wurde fortan als Partner betrachtet, dem man Kooperationsangebote machte. Die Vorstellung eines vollumfänglichen Angriffs auf einen Nato-Mitgliedstaat, der die Reaktivierung aller Fähigkeiten des Bündnisses erfordern würde, war natürlich nicht nur in Bonn, sondern auch in Washington und im Nato-Hauptquartier in Brüssel kaum noch vorhanden. Es hatte sich mehr oder weniger erübrigt, für einen solchen Fall Planungen anzustellen. Gleichzeitig blieb die Welt auch nach dem «Ende der Geschichte» kriegerisch, und die Nato stand bereits in den frühen 90er Jahren vor der Frage, wie auf die Gräuel in den jugoslawischen Zerfallskriegen, insbesondere im Bosnienkrieg, zu reagieren sei. Das berühmte Zitat des US-Senators Richard Lugar, der 1993 erklärte, die Nato müsse «out of area» gehen, wenn sie nicht «out of business» sein wolle, brachte die Abkehr von der Doktrin der Bündnisverteidigung hin zu den Auslandseinsätzen auf eine später vielgebrauchte Formel. Ab dem 11. September 2001 waren dabei das Counterinsurgency-Prinzip und die Terrorismusbekämpfung im Ausland vorherrschend. Hierin schien die Nato schließlich ihren neuen Daseinszweck gefunden zu haben, und außer im Falle des völkerrechtswidrigen Irakkriegs folgten ihre Mitglieder diesem Weg artig. Deutschland ist also keinen Sonderweg gegangen, sondern hat die großen Linien der Bündnispolitik mitvollzogen. Die Amerikaner haben die Richtung vorgegeben.

Nach der russischen Annexion der Krim kehrten die Territorial- und Bündnisverteidigung zaghaft ins Einsatzdenken der Nato zurück. Die Fokussierung auf die Auslandseinsätze und die Stabilisierungsoperationen wie in Afghanistan hatten allerdings Pfadabhängigkeiten geschaffen, eine wirkliche Schubumkehr fand bis zur russischen Invasion am 24. Februar 2022 nicht wirklich statt. Aber abgesehen von dieser allgemeinen Entwicklung in der Nato-Einsatzplanung: Beim Abschmelzen des Verteidigungsbudgets ist Deutschland im Vergleich zu den anderen großen Nato-Partnern mit Riesenschritten vorangegangen. Spätestens ab der Jahrtausendwende war jedem kundigen Beobachter klar, dass die immer größer werdende Lücke zwischen benötigten und aufgewendeten Mitteln für die Bundeswehr zu einem strukturellen Problem bei der Erfüllung grundlegender Aufgaben führt. Statt dieses Problem zu beheben, hat die deutsche Politik einfach argumentiert, die Aufgaben seien nun andere, während sie den Verteidigungshaushalt weiter als Steinbruch benutzte, um sonstige Haushaltslöcher zu stopfen. Verteidigung hatte die geringste Lobby, und deswegen war es am einfachsten, hier die Schere anzulegen. Und eigentlich hat sich kein Verteidigungsminister so richtig dagegen gewehrt.

In der deutschen Öffentlichkeit gab es schon für die Auslandseinsätze der Bundeswehr nie große Unterstützung, politisch war damit kaum etwas zu gewinnen. Die politischen Entscheidungsträger waren froh, wenn öffentlich nicht allzu viel über die Bündnisverpflichtungen, geschweige denn über die Bereitstellung höherer Mittel diskutiert wurde.

Das war absolut unehrlich und weist auf ein Kernproblem des Verhältnisses zwischen Politik, Gesellschaft und Streitkräften hin – nämlich die Tatsache, dass man über das, was Streitkräfte machen, nicht redet, weil man die Befürchtung hat, den Rückhalt in der Bevölkerung zu verlieren. Das mag aus einer kurzfristigen politischen Logik vielleicht richtig sein, erzeugt aber langfristig Probleme: Wenn die Bundesregierung den Einsatz von Streitkräften verschweigt bzw. wenn sie der deutschen Bevölkerung nicht kontinuierlich darlegt, warum solche Einsätze im deutschen Interesse sind, nimmt die Ablehnung weiter zu – vor allem, sobald etwas passiert und die mit dem Einsatz der Streitkräfte verbundenen Gefahren, etwa durch den Tod von Soldaten, schlagartig ans Licht kommen. Die Politik tappt folglich in eine Falle, wenn sie versucht, öffentlich so wenig Widerstand wie möglich zu provozieren.

Sie haben in Ihrer Arbeit viel mit jungen Offiziersanwärtern und Offizieren zu tun. Wie blicken diese denn auf die fehlende Bereitschaft der Politik, öffentlich ein Bewusstsein für die Arbeit und Belange der Soldaten zu schaffen?

Ich habe eine Generation ausgebildet, die, nachdem sie die Universität verlassen hat, in der Regel innerhalb eines halben Jahres in Afghanistan war. Als diese jungen Leute die Bundeswehr-Universität verließen, waren sie schon fünf Jahre bei der Truppe und hatten noch eine Restzeit von damals sieben Jahren. Und drei Jahre nach Verlassen der Universität stellte sich die Frage, ob sie Berufssoldaten werden wollten oder nicht. Viele von denen, die nach Afghanistan gingen, haben die Entscheidung über diese Frage auf die Zeit nach dem Auslandseinsatz vertagt. Die meisten kamen zurück und haben gesagt: Das tue ich mir nicht an. Und meine Frage war dann immer: Was ist denn passiert? Sind Sie im Ausland schlecht geführt worden? Die nahezu einhellige Antwort war: Nein, weder der Auslandseinsatz an sich noch die militärische Führung sind das Problem, sondern die Tatsache, dass ich nicht bereit bin, im Ausland unter Einsatz meines Lebens Dinge zu tun, die die Politik der Gesellschaft verschweigt. Bis ungefähr 2010 lautete das große Narrativ: Die Bundeswehr ist zwar bewaffnet, leistet letzten Endes aber nur Entwicklungshilfe. Und das zu einer Zeit, als sie längst in schwere Kämpfe verwickelt war, die Sicherheitslage vor Ort sich massiv verschlechtert und die Anschläge auf Camps zugenommen hatten, ja als ein veritabler Krieg im Gange war, den man aber nicht so nennen durfte. Damals haben wir in Deutschland noch immer so darüber geredet, als handele es sich um eine Hilfsmission für die afghanische Regierung – mit Soldatinnen und Soldaten, die dort nur Gutes tun, Brunnen bauen etc. Diesen Widerspruch zwischen ihrer eigenen Tätigkeit und der heimischen Diskussion darüber haben viele nicht akzeptiert und sich entschieden, kein Berufssoldat zu werden. Sie hätten es begrüßt, wenn ihre

Regierung offen und klar gesprochen hätte. Aber zu verschweigen, was sie dort unten machen, und sie die Köpfe hinhalten lassen für etwas, wofür die Regierung noch nicht mal einsteht, war für sie inakzeptabel. Dadurch hat die Bundeswehr auch sehr viele qualifizierte Leute verloren.

Nun kann man so einen Widerspruch auf unterschiedliche Weise auflösen: Entweder macht man sich ehrlich und stellt klar, dass die eigenen Soldaten in den Krieg geschickt werden, dass das Militär etwas damit zu tun hat, zu töten und eventuell getötet zu werden; oder man kommt zu dem Schluss, dass die Unterstützung für solche militärischen Einsätze in der Bevölkerung zu gering ist, und sagt den Verbündeten, dass das bei uns nicht zu vermitteln sei. Wäre das im Falle der Auslandseinsätze der Bundeswehr gangbar gewesen – und, im Nachhinein betrachtet, vielleicht auch besser, weil diese Einsätze ja eine sehr gemischte Erfolgsbilanz haben?

Es wäre etwa mit Blick auf Afghanistan unmöglich gewesen, sich komplett rauszuhalten. Alle Nato-Partner haben sich aus Solidarität mit den Amerikanern an dem Einsatz beteiligt, und vor diesem Hintergrund wäre die Selbstisolation eines Staates, der für sich in Anspruch nimmt, eine der führenden Mächte der Nato zu sein, hochproblematisch gewesen. Statt sich herauszuhalten, hätte Deutschland einen viel stärkeren Einfluss auf die politische Zielsetzung der Mission geltend machen müssen. Das Problem in Afghanistan war ja, dass wir mit einer völlig überhöhten politischen Zielsetzung angetreten sind, durch die der Fehlschlag vorprogrammiert war: die umfassende Demokratisierung, die auf den Petersberg-Konferenzen anvisiert wurde. In einem Land, das mehr als doppelt so groß ist wie die Bundesrepublik, 20 Jahre Bürgerkrieg hinter sich hatte, über so gut wie keine Erfahrung im Umgang mit demokratischen Institutionen verfügt, und das Ganze dann auch noch mit viel zu wenig Mitteln unterlegt, sowohl monetär als auch personell. Ein wenig mehr Realismus in der Zielsetzung hätte da schon geholfen.

Und ich bleibe dabei: Wenn man als Regierung von den vorab definierten Zielen eines Auslandseinsatzes überzeugt ist, ist es die Pflicht, hernach beständig über dessen Entwicklung zu kommunizieren und den Versuch zu unternehmen, gesellschaftliche Mehrheiten dafür zu bekommen. Aber die Bundesregierung war vom Afghanistaneinsatz eben nie überzeugt und hat deshalb von Anbeginn eine defensive Kommunikationsstrategie verfolgt: Einen Tag vorher fing man jeweils an, im Deutschen Bundestag über die Mandatsverlängerung zu diskutieren, die dann verabschiedet wurde, weil die jeweiligen Koalitionsparteien natürlich kein Interesse daran hatten, ihre eigene Regierung zu beschädigen; die Opposition verhielt sich derweil staatstragend, also war die Mehrheit breit genug. Das Signal an die Soldaten sollte sein: Wir stehen hinter euch. Aber danach wurde das Thema wieder vom Tisch gewischt, und man betete sechs Monate lang, dass am Hindukusch nichts passiert. So kann sicherheits- und verteidigungspolitische Kommunikation nicht gelingen, man muss vielmehr offensiv für solche Einsätze werben.

Gibt es erfolgreiche Beispiele für Auslandseinsätze der Bundeswehr?

Vielleicht so: Je niedriger die politische Zielsetzung, desto erfolgreicher das Engagement der Bundeswehr. Die beiden großen Auslandseinsätze in Afghanistan und Mali sind definitiv gescheitert. Am Horn von Afrika war man, relativ gesehen, erfolgreich, wobei sich darüber streiten lässt, was erfolgreich hier bedeutet. Die Meinungen gehen auseinander, ob der Einsatz zur Sicherung der Seewege nicht einfach dadurch von Erfolg gekrönt war, dass die Russen irgendwelche Boote versenkt haben, ohne mit der Wimper zu zucken, während wir hingegen militärisch eher untätig waren und auf rechtsstaatliche Verfahren gesetzt haben. UNIFIL II kann man ebenfalls erfolgreich nennen, weil seit 2006 im Libanon kein großer Konflikt mehr ausgebrochen ist. Ob nun unsere deutsche Beteiligung vor der Küste des Libanon erfolgreich war – wo doch die Waffen eigentlich nie über den Wasserweg, sondern eher über den Landweg geschmuggelt werden –, sei dahingestellt.

Wenn die beiden großen Auslandseinsätze Afghanistan und Mali gescheitert sind, war dann auch der Satz des ehemaligen Verteidigungsministers Peter Struck falsch, dass Deutschlands Sicherheit auch am Hindukusch verteidigt wird?
Der Satz war absolut richtig, weil er sich auf eine Situation bezog, in der wir uns nach wie vor befinden. Während wir vor dem Zusammenbruch des Ostblocks an unserer östlichen Landesgrenze einer vergleichsweise klar lokalisierten Bedrohung ausgesetzt waren, können heute überall Entwicklungen in Gang gesetzt werden, die sich unmittelbar auf unsere Sicherheit auswirken. Salopp formuliert: Jemand kann auf den Fidschi-Inseln sitzen und die Münchner Krankenhäuser lahmlegen. Durch die Weiterentwicklung der Raketentechnologie können potenzielle Angreifer aus weiter entfernten Gegenden – ein Beispiel wären ballistische Raketen aus Iran – möglicherweise bald das Territorium der Bundesrepublik Deutschland erreichen. Struck hatte also schon recht, wenn er angesichts der veralteten regionalen Fokussierung des deutschen Denkens verdeutlichte, dass die Gefahren für die Sicherheit der Bundesrepublik eigentlich von überall herkommen können. Auch der internationale islamistische Terrorismus stellte damals ebenso wie heute eine potenzielle Gefahr dar, direkt durch Anschläge in der Bundesrepublik und indirekt durch die Destabilisierung von Staaten und Regionen wie gegenwärtig im Sahel. Der Hindukusch war nur das Symbol dafür, weil damals gerade der Afghanistan-Einsatz anstand. Natürlich gehen auch von Mali Gefahren für die deutsche

Sicherheit aus. Aber dort haben wir genau die gleichen Fehler gemacht wie am Hindukusch und einen Einsatz ohne klares Mandat, klare Aufgabe und genügend Kräfte beschlossen, der letztlich zum Scheitern verurteilt war.

Ihr Plädoyer läuft darauf hinaus, klarer zu definieren, was die eigenen Interessen sind, und sich zu trauen, diese auch öffentlich ehrlich zu benennen. Stattdessen schien es für die deutsche Politik bislang sehr viel angenehmer, im Kontext der Auslandseinsätze von Frauenrechten und Demokratisierung zu sprechen. Müsste man also zunächst einmal zugeben, dass die Idee des* nation building *bzw. des militärischen Exports unserer liberalen Demokratie – diese Vorstellung war vor allem in den 1990er und frühen 2000er Jahren sehr populär – gescheitert ist und scheitern musste, weil sie die realen Möglichkeiten eines Militäreinsatzes einfach überschätzt?

Dieses Zeitalter des liberalen Imperialismus ist unwiederbringlich vorbei. Es begann 1992 mit der Wahl Bill Clintons zum US-Präsidenten und endete im Sommer 2021 mit dem überstürzten Abzug der Amerikaner und ihrer Verbündeten aus Afghanistan. Es hat die Idee von einer liberalen internationalen Ordnung regelrecht desavouiert, weil seine Verfechter zu ihrer Durchsetzung auf das falsche Instrument gesetzt haben: das Militär. Und das Militär kann vieles, aber nicht die liberale Demokratie irgendwohin exportieren. Es kann dafür sorgen, dass andere die liberale Demokratie exportieren können, wenn das Umfeld zu gefährlich ist. Aber das Militär kann liberaldemokratische Institutionen nicht selbst exportieren, deswegen ist diese Sache völlig gescheitert. Mein Punkt ist: Es ist nie auszuschließen, dass wir so etwas wie Afghanistan irgendwann in Zukunft noch einmal machen müssen. Sich komplett herauszuhalten, halte ich für genauso falsch wie den Weg der Vergangenheit. Wir kennen die Zukunft nicht, und es kann durchaus sein, dass wir wieder in eine Situation kommen, in der die Notwendigkeit zu einem konzertierten Auslandseinsatz besteht, etwa in Form einer Stabilisierungsmission Tausende Kilometer entfernt von unseren Grenzen. Dann müssten die Deutschen im Sinne einer selbstbewussteren Außenpolitik zunächst einmal für sich selbst klarstellen: Was sind die eigenen Ziele, die man da verfolgt? Und wie realistisch ist die Verfolgung dieser Ziele? Und weil die Bundestagsmandate immer nur abgeleitete Mandate aus größeren UN-, EU- oder Nato-Mandaten sind, müssen wir uns in diesen Organisationen künftig stärker einbringen. Wenn in solchen übergeordneten Mandaten etwa das Ziel einer umfangreichen Demokratisierung ausgegeben wird, haben wir ein Problem mit unserem Bundestagsmandat. Die Bundesregierung muss also künftig bereits auf dieser übergeordneten Ebene internationaler Politik darauf hinwirken, realistischere Ziele zu definieren.

Haben Sie den Eindruck, dass dieses Scheitern des von Ihnen so bezeichneten liberalen Imperialismus in der deutschen politischen Landschaft schon bei allen angekommen ist?

Es gibt sicherlich Ausnahmen, aber ich glaube, dass sich diese Haltung, man könne die Demokratie notfalls mit der Waffe im Anschlag exportieren, hierzulande weitgehend erschöpft hat. Aber jetzt kommen wir wieder zu einem spezifisch deutschen Problem. Nachdem wir festgestellt haben, dass die teuren und personalintensiven Auslandseinsätze in Afghanistan und Mali gescheitert sind – auch das Scheitern der Amerikaner im Irak hatte diesbezüglich Lerneffekte –, schwingt das Pendel in die andere Richtung. Nun sollen – das sieht man an der Debatte über die künftige Ausrichtung der Bundeswehr – alle Kräfte auf die Landes- und Bündnisverteidigung konzentriert werden. Das ist, als würde man das Kind mit dem Bade ausschütten, denn die Auslandseinsätze sind ja vor allem deshalb gescheitert, weil wir sie mit unrealistischen Zielsetzungen verbunden haben. Doch die Gründe, aus denen Auslandseinsätze geboten sein können, sind nicht von heute auf morgen verschwunden, die Welt ist ja in dieser Hinsicht nicht plötzlich sicherer geworden. Wir kommen also aus der Nummer nicht heraus, beides – Landes- und Bündnisverteidigung sowie Auslandseinsätze – in unser Sicherheitsdenken einfließen zu lassen. Wenn wir anfangen, unsere militärischen Ressourcen nur noch in die Landesverteidigung zu investieren, stehen wir irgendwann mal vor dem Problem, dass es wieder einen Auslandseinsatz geben wird und wir nichts dafür vorgehalten haben.

Das wäre das klassische Ergebnis politischen Handelns, dass man immer auf die aktuellen Probleme reagiert und die in den Hintergrund gerückten Probleme vernachlässigt, die dann allerdings irgendwann wie ein Bumerang auf einen zurückschlagen ...

Deswegen müssen wir immer die Kräfte für Auslandseinsätze trainieren und vorhalten, auch wenn Letztere im aktuellen Konflikt vielleicht nicht prioritär sind. Denn wir können nie ausschließen, dass wieder eine Situation eintritt, in der unsere Soldaten weit entfernt von ihrer Heimat besondere Aufgaben übernehmen müssen.

Was ist denn spezifisch an den Fähigkeiten einer Armee für Auslandseinsätze?

Schnelligkeit, Beweglichkeit, leichte Panzerung – also Mobilität und Durchschlagskraft unter extremen Bedingungen wie großer Hitze und sehr sandigem Untergrund. Unsere Division Schnelle Kräfte mit einer Sollstärke von 20 000 deutschen und niederländischen Angehörigen ist auf solche Einsätze spezialisiert. Zu dieser Division gehören die Fallschirmjäger, die EGB-Kräfte (Spezialisierte Kräfte des Heeres mit erweiterter Grundbefähigung) und natürlich auch das Kommando Spezialkräfte. Natürlich spielen sie auch bei der Landes- und Bündnisverteidigung eine Rolle, aber wenn es ins Ausland geht, dann sind eher diese Verbände gefragt als die erste oder die zehnte Panzerdivision. Es ist eben etwas anderes, an der Nato-Ostflanke russische Panzerverbände zurückzuschlagen, als weit entfernt Jagd auf Terroristen zu machen oder asymmetrisch agierende Milizen zu bekämpfen. Es bleibt festzuhalten, dass Deutschland mit Blick auf die Fähigkeiten bei Auslandseinsätzen enorme Fortschritte gemacht hat. So zynisch das klingen mag: Der Afghanistan-Einsatz war für die Bundeswehr ein enormer Professionalisierungsschub. Im Verlauf dieses 20 Jahre währenden Krieges waren 93 000 deutsche Soldatinnen und Soldaten dort stationiert und teilweise in Gefechte verwickelt. Unsere Armee hat sich dabei enorm verbessert.

Man könnte auch sagen, dass die politische Entscheidung für eine stärkere Ausrichtung der Streitkräfte auf die Auslandseinsätze so lange vernünftig war, wie sich an der Nato-Ostflanke keine größere Bedrohung auftat, also ungefähr bis 2014. Sie sagen selbst: Die Bundeswehr wurde im Rahmen der Auslandseinsätze mit begrenzten Mitteln professionalisiert. Haben wir angesichts der damaligen internationalen Bedrohungssituation und der Anforderungen, die unsere Verbündeten an uns gestellt haben, nicht doch mehr richtig als falsch gemacht? Im Nachhinein ist man immer schlauer.

Das gesamte Bündnis hat sich aus rationalen Gründen auf die Auslandseinsätze konzentriert. Hier lagen die Aufgaben der damaligen Zeit, und ich halte diese Entwicklung auch im Nachhinein für richtig. Die Fehler, die uns unterlaufen sind, verweisen wieder auf die bereits oben angedeuteten strukturellen Probleme der Bundeswehr. Die Einheiten, die damals nach Afghanistan gehen mussten, haben ihr Material aus der gesamten Bundeswehr geplündert, so dass die zurückbleibenden Einheiten nicht mehr vernünftig üben konnten, weil sie kein Material hatten. Die Grundsatzfrage bleibt: Wollen wir eine Bundeswehr, die so ausgestattet ist, dass sie auch in Friedenszeiten das üben kann, was sie eigentlich üben soll? Alle Einheiten, die wir in den Einsatz geschickt haben, ob nach Afghanistan, Mali oder sonst wohin, waren aus der deutschen Perspektive bestmöglich ausgerüstet, aber auf Kosten der übrigen Bundeswehr.

Wir haben gegenwärtig den siebtgrößten Verteidigungsetat der Welt und geben sogar etwas mehr aus als Frankreich. Wieso reicht das nicht aus, um das nötige Material vorzuhalten?
Schauen Sie sich den Verteidigungshaushalt mal an! Und ja, Stand heute stecken da etwa 50 Milliarden Euro drin (ohne Sondervermögen), was natürlich eine ungeheure Summe ist. Wenn sie prüfen, wofür dieses Geld ausgegeben wird, dann machen 80 Prozent Personal- und Materialerhaltungskosten aus. Da bleibt nicht mehr so viel für Rüstungsbeschaffung, Forschung und Entwicklung übrig. Das heißt, unser Verteidigungshaushalt ist in einem großen Maße durch bestehendes Material und Personal gebunden, und nur der kleinste Teil kann wirklich in die Beschaffung und in Forschung und Entwicklung investiert werden.

Auch die Pensionen haben einen erheblichen Anteil am Verteidigungsetat, es sind ca. 6,5 Milliarden Euro. Werden die Pensionen für ausgeschiedene Offiziere und Soldaten in anderen Ländern eigentlich auch über den Verteidigungsetat finanziert?
Nicht in jedem Staat, aber in vielen.

Wäre es nicht sinnvoll, die Pensionszahlungen aus dem regulären Etat herauszunehmen, weil das ein immer weiter steigender Posten ist, der immer größere Mittel des Wehretats bindet, aber mit unserer Verteidigungsfähigkeit nichts mehr zu tun hat?

Solche Posten müssten eigentlich aus dem Verteidigungshaushalt in andere Haushalte verlegt werden, um mehr Luft für wirkliche Beschaffung sowie Forschung und Entwicklung zu schaffen. Die Alternative wäre eine substanzielle Steigerung des Verteidigungshaushalts um etwa 15 Milliarden Euro. Beides halte ich gesellschaftlich für nicht durchsetzbar. Dennoch wird sich, nachdem das Sondervermögen der Bundeswehr in ein paar Jahren aufgebraucht sein wird, die Frage nach einer substantiellen Erhöhung des Verteidigungshaushaltes erneut stellen, nicht zuletzt weil sich die Bundesrepublik Deutschland dazu verpflichtet hat, zwei Prozent ihres Bruttoinlandsproduktes für Verteidigung aufzuwenden, und der Nato-Gipfel in Vilnius (2023) diesen Wert nunmehr als Minimalziel für seine Mitglieder definiert hat.

Die Gesellschaft will den Wehretat nicht aufstocken; gleichzeitig wird die Bundeswehr öffentlich gern als Lachnummer dargestellt – wegen der Gewehre, die bei Erhitzung nicht mehr richtig schießen, der Helikopter, Flugzeuge und Panzer, von denen nur ein geringer Teil einsatzfähig ist, der hohen Kosten für die Sanierung des Segelschulschiffs* Gorch Fock *und so weiter. Finden Sie das gerechtfertigt? Und was denken die Soldatinnen und Soldaten darüber?

Dieses Image ist mehr als unverdient. Bei der Bundeswehr arbeiten in der Mehrzahl nicht besonders gut bezahlte Frauen und Männer mit hoher Motivation, die angesichts der übergeordneten Führung und der Bürokratie zu Recht frustriert sind. Trotz der vielen strukturellen Defizite erfüllen sie ihre Aufträge in der Regel exzellent. Das öffentliche Bild der Bundeswehr ist auch deshalb so schlecht, weil sich niemand dafür interessiert, unter welch schwierigen Bedingungen die Soldatinnen und Soldaten geräuschlos ihre Arbeit verrichten und welche Kraftanstrengungen dafür nötig sind. Würde man darüber öffentlich mehr diskutieren, stiegen auch die Chancen für Verbesserungen und für die

Behebung struktureller Mängel der Truppe. Die Bundeswehr ist ein Opfer ihrer selbst: Wenn sie von der Politik einen Auftrag erhält, erfüllt sie ihn; aber wenn alles vorbei ist, interessiert in der Politik keinen mehr, wie sie diesen Auftrag eigentlich erfüllt hat. Und natürlich lassen sich «bad news» medial besser ausschlachten als «good news»: Man kann wesentlich besser darüber berichten, wenn Soldaten bei irgendwelchen Manövern keine Waffen haben und Besenstiele benutzen müssen, als über erfolgreiche Manöver.

Goldrandlösungen: Wie die Bürokratie die Bundeswehr lähmt

Natürlich ist auch einiges an dem öffentlichen Bild der Bundeswehr ungerecht, manche scheinen direkt Freude dabei zu empfinden, sie zu einer Lachnummer zu stilisieren. Dennoch: Die strukturellen Probleme lassen sich ebenfalls nicht wegdiskutieren. Sie haben die jahrzehntelange Unterfinanzierung genannt, die neoliberalen Reformen, die Vernachlässigung der Landesverteidigung zugunsten von Auslandseinsätzen, den fehlenden politischen Willen, Ziele und Interessen klar zu benennen. Aber das sind alles Probleme, die der Bundeswehr mehr oder weniger von außen beschert wurden. Wie sieht es denn mit strukturellen Problemen im Inneren der Bundeswehr aus? Welche Rolle spielen die eigene Verwaltung und Organisation?

Sicher, es gibt auch gravierende Probleme in der inneren Organisation der Bundeswehr. Allein im Bundesverteidigungsministerium arbeiten fast 3000 Leute. Es handelt sich um das größte und am schwersten zu führende Ressort in der deutschen Politik. Dieses Ministerium hat im Laufe der Zeit immer mehr Aufgaben übernommen, die klassischerweise eigentlich nicht in seinen Aufgabenbereich gehören, es hat – mit anderen Worten –

seine Kompetenzen überdehnt. Ein Verteidigungsministerium muss letzten Endes die politisch-militärische Führung der Bundeswehr gewährleisten, alles andere geschieht in den Streitkräften. Faktisch agiert das Ministerium mittlerweile aber wie eine oberste Behörde der Bundeswehr und betreibt Mikromanagement, so dass einfach alles innerhalb des Ministeriums entschieden wird, oft ohne die Truppe zu konsultieren.

Ein Blick in die Geschichte der Bundeswehr bis zurück in die 1950er Jahre und die Hochzeiten des Kalten Kriegs zeigt, dass das nichts völlig Neues ist. Doch nach dem Zerfall der Sowjetunion hat der Kontrollwahn neue Dimensionen angenommen, und sowohl im zivilen als auch im militärischen Komplex der Bundeswehr wurde seither ein System geschaffen, das diese Armee im Grunde einsatz- und kriegsunfähig gemacht hat – und an diesem System krankt die Bundeswehr bis heute: an Überbürokratisierung, langwierigen Entscheidungsprozessen und einer organisierten Verantwortungslosigkeit, so dass am Ende nicht mehr feststellbar ist, wer einen Fehler begangen hat, weil sich alle gegenseitig decken.

Zum Stichwort organisierte Verantwortungslosigkeit passt die von Boris Pistorius geschilderte Anekdote, nämlich dass die Entscheidung darüber, wie die Traueranzeige für einen Soldaten zu formulieren sei, am Ende bei ihm als Minister gelandet sei.

In der Bundeswehr gibt es diesen schönen Spruch: «Melden macht frei.» Wer etwas nach oben weitermeldet, ist fein raus. Mit dieser Mentalität landet am Ende auch eine Traueranzeige beim Minister. Das heißt: Wenn etwas schiefläuft, trägt der Minister die Verantwortung und nicht der Referent oder der Referatsleiter oder der Unterabteilungsleiter oder der Abteilungsleiter. Daran versucht Boris Pistorius gerade etwas zu ändern, indem er die Devise ausgibt: Übernehmen Sie mehr Verantwortung, entscheiden Sie auf den Ebenen, wo Sie entscheiden können, nicht alles muss von mir entschieden werden! Diese Ansprache ist dieses Ministerium seit über 20 Jahren nicht mehr gewohnt. Das BMVg und auch die Bundeswehr haben eine sehr schlechte Fehlerkultur. Aus Fehlern lernt man nicht, sondern Fehler gefährden die Karriere. Die wichtigste Verwendung eines deutschen Stabsoffiziers oder einer deutschen Stabsoffizierin ist seine bzw. ihre erste Verwendung im Ministerium. Man kommt als Referent oder Referentin ins Ministerium, verlässt es zwischenzeitlich wieder und kehrt im höheren Rang ab dem Oberst/Kapitän zur See als Referatsleiter ins Ministerium zurück. Aber die entscheidende Verwendung ist eben die erste Verwendung als Referent. Wenn die schlecht beurteilt wird, hilft es nichts, aus militärischer Sicht ein erstklassiger Truppenführer oder eine erstklassige Truppenführerin zu sein. Die Karriere erleidet dann einen Knick. Folglich ist klar, dass jeder Referent und jede Referentin im Ministerium versucht, Fehler zu vermeiden. Diese Kultur müsste aufgebrochen werden.

Das illustriert sehr plastisch Ihre Diagnose, dass das Verteidigungsministerium das am schwersten zu führende Ressort sei.
Ja, aber das spiegelt sich dann umgekehrt auch im öffentlichen Umgang mit dem Minister oder der Ministerin. Wenn ein Rekrut im Bayerischen Wald Bockmist baut, werden Sie als Minister persönlich dafür verantwortlich gemacht. Zeigen Sie mir ein Unternehmen mit über 200 000 Mitarbeitern, in dem das Verhalten eines Azubis oder einer Azubine ähnliche Folgen hat. Wenn in der Bundeswehr irgendwo irgendetwas passiert, wird der Vorfall sofort in einer Linie zum Minister gespielt. Dieses medial befeuerte Prozedere verstärkt schließlich auch die bereits besprochene Tendenz, von der Spitze her Mikromanagement zu betreiben: Wer für alles verantwortlich gemacht wird, neigt auch dazu, den ganzen Laden kontrollieren zu wollen. Deswegen wird

interessant sein zu beobachten, wie sich die Aufforderung von Pistorius in dessen Ministererlass auf die Kultur des Hauses auswirkt. Verantwortung zu übernehmen und nicht nach oben abzuschieben sind dort viele nicht mehr gewohnt.

Ein Mitstreiter des von Ihnen mitgegründeten* Sicherheitshalber*-Podcasts hat das Bundesverteidigungsministerium einmal als «eine Verwaltungsbehörde mit angeschlossenen Streitkräften» bezeichnet. Wie ist das Verhältnis zwischen Bürokratie und Truppe?

Das ist bei der Bundeswehr auch im internationalen Vergleich besonders ungünstig. Polemisch gesagt: Wenn man sich das Organigramm der Bundeswehr ansieht, könnte man den Eindruck gewinnen, dass Deutschland den Zwei-plus-Vier-Vertrag verletzt – weil wir für eine 182 000 Mann starke Armee eine Organisationsstruktur geschaffen haben, als würden 400 000 Mann bewegt. Die Bundeswehr ist in dieser Auffächerung völlig überbürokratisiert. Zwischen den Spitzenpositionen und den Mannschaften hat sich ein viel zu großer Wasserkopf gebildet, d. h., es besteht ein eklatantes Missverhältnis zwischen den obersten Rängen und den zu führenden Soldaten und Soldatinnen. In den USA kommt auf einen General viel mehr Truppe als in der Bundesrepublik Deutschland.

Als die Bundeswehr im Jahr der Wiedervereinigung mit der NVA zusammengeführt wurde, hatte die gesamte Armee bei einer Truppenstärke von insgesamt ca. 600 000 Mann 233 Generale und Admirale. Mittlerweile haben wir immer noch etwas über 200 Generale und Admirale, aber die Truppe ist auf 182 000 zusammengeschrumpft. Zwei oder drei Reformen der Bundeswehr haben nicht dazu geführt, dass in den oberen Rängen Posten gestrichen worden wären. Der Stab ist im Vergleich zur Truppe also viel zu groß geblieben. Das meine ich mit dem Wasserkopf, der sich im Moment seines Entstehens selbst perpetuiert, weil für die ganzen Leute entsprechende Aufbauverwendungen ersonnen und entsprechende Behörden, Kommandos usw. geschaffen werden müssen, wo sie den nächsthöheren Dienstgrad erwerben können. Hinzu kommt, dass diese höheren Qualifikationswege noch immer so beschaffen sind, dass im Prinzip jeder der nächste potenzielle Generalinspekteur werden kann. Da es aber bekanntlich nur einen Generalinspekteur geben kann, hat man eine Vielzahl von Stellen auf der höheren Führungsebene geschaffen, um die vielen anderen, die es eben nicht werden, zufriedenzustellen. Stattdessen müsste es darum gehen – und das gelingt in Teilen bereits –, eine Struktur zu schaffen, in der man nicht gleich als Versager gilt, wenn man kein Gold auf der Schulter trägt.

Boris Pistorius hat ja schon angekündigt, die Leitungsebene im Ministerium verschlanken zu wollen. Wo gibt es denn da konkret Möglichkeiten?
Wir haben beispielsweise ein Territorialkommando, das auf Amtshilfe im Inneren ausgelegt ist. Und wir haben ein Einsatzführungskommando, das für die Kriegseinsätze zuständig ist. Reicht nicht ein Führungskommando mit zwei Abteilungen? Wenn man ein territoriales Führungskommando aufbaut, benötigt man einen ganz neuen Stab, oben einen Dreisterner, einen Zweisterner als Stellvertreter, dann den Einsterner als Stabschef und Abteilungsleiter. So entstehen zusätzliche Generalsposten. Der Versuch einer Verschlankung wird daher auf massiven Widerstand stoßen, eben weil dann viele Posten wegfallen und eine Bürokratie immer nach Selbsterhaltung strebt. Aber es hilft nichts: Die Armee braucht keinen riesigen Wasserkopf, sondern muss in der Breite einsatzfähig werden. Wir haben eine Truppe mit zu vielen Häuptlingen, die zu wenig Fußvolk befehligen. Wir müssen ran an die Stäbe im Ministerium und Dienstposten von dort in die Truppe verlagern. Um die Funktionsfähigkeit und die

Einsatzfähigkeit der Armee zu erhöhen, gibt es eine ganz einfache Formel: weniger Stäbe, mehr Truppe.

Die Handlungsunfähigkeit durch Überbürokratisierung scheint kein Spezifikum der Bundeswehr zu sein, sondern sich auf alle gesellschaftlichen Bereiche zu erstrecken. Selbst in vielen Unternehmen sind die Vorschriften mittlerweile immer kleinteiliger geworden, bis hin zur Feinsteuerung. Die Folge ist dann in der Regel der Aufbau entsprechender bürokratischer Apparate.

Aber die Bundeswehr spiegelt diese Entwicklung doch in besonders absurder Weise wider. Der einzige Zweck einer Armee besteht darin, dass sie irgendwann eingesetzt wird oder dass zumindest glaubhaft mit ihrem Einsatz gedroht werden kann. Daher sollte die Organisation darauf ausgerichtet sein, die Streitkräfte potenziell einsatzbereit zu halten. Stattdessen hat man dieses lähmende bürokratische System aus dem Ministerium heraus einfach weiterwuchern lassen – ein politisches Versagen erster Güte. Hier deutet sich unter Pistorius ebenfalls ein Mentalitätswandel an. In einem seiner ersten Ministererlasse steht beispielsweise, dass alle Einschränkungen und Vorschriften im BMVg, die die europäischen Vergaberichtlinien überschreiten, ausgesetzt werden. Solche europäischen Richtlinien sind eh schon eine hohe bürokratische Hürde, aber sie wurden im Ministerium und in der Bundeswehr offenbar lange Zeit durch zusätzliche Vorschriften weiter verkompliziert. Und das ist das Gesetz der Bürokratie: Sie schafft sich ihre eigene Rechtfertigung, ihre eigene Arbeit und ihre eigenen Probleme, denn die Bürokraten müssen ja beweisen, dass sie für etwas gut sind. Deswegen ist dieses Ministerium auch viel zu groß. Wenn sie keine Zusatzrichtlinien aufstellen, werden sie auch nicht gebraucht, dann könnte man sie auch wieder einsparen. Unter solchen Bedingungen kann die Beschaffung weder schnell noch unkompliziert über die Bühne gehen.

Wenn wir davon ausgehen, dass auch andere Armeen von Bürokratie geplagt sind: Worin liegt die deutsche Besonderheit?

Ich nenne es die deutsche Suche nach der Goldrandlösung. Vor ein paar Jahren hat die Bundeswehr eine Ausschreibung für die Beschaffung von Fahrrädern für Kasernen veröffentlicht, die vier Seiten mit Spezifikationen enthielt. Komplizierter geht es nicht. In solchen Fällen spielt es keine Rolle mehr, was die Truppe braucht und wie man effektiv sicherstellen kann, dass sie in einer überschaubaren Zeit bekommt, was sie braucht; es geht vielmehr um die eigene rechtliche Absicherung der Stellen, die für die Beschaffung zuständig sind, so dass sie immer auf der sicheren Seite sind, falls doch mal etwas schieflaufen sollte. Ein aktuelles Beispiel, das an Absurdität kaum zu überbieten ist: Die Spezialkräfte der Marine (KSM) benötigen schnellere und leichtere Schlauchboote. Über solche Spezialkräfte mit Schlauchbooten verfügen nahezu alle Marinen weltweit. Warum macht man keine Marktanalyse und vergleicht, was die Amerikaner haben, was die Franzosen, was die Briten usw., und kauft anschließend dieses oder jenes Schlauchboot in großen Mengen ein? Nein, es müssen spezielle, für den deutschen KSM-Bedarf gefertigte Schlauchboote sein. Das, was auf dem Markt verfügbar ist, ist uns nicht genug. Stattdessen spielen wir Kindergeburtstag und erstellen ein Materialprofil mit einem ausgetüftelten Katalog an Anforderungen, die selbst die deutsche Spitzenindustrie für technisch unerfüllbar hält. Dieser mangelnde Pragmatismus ist sicher auch eine Folge davon, dass die Teilstreitkräfte kaum noch am Beschaffungsprozess beteiligt sind und man die Inspekteure aus der Verantwortung für Beschaffungen entlassen hat. Ein weiteres Beispiel ist der schwere Transporthubschrauber CH-47F, der jetzt angeschafft wird und in vielen Ländern bereits zuverlässig seinen Dienst tut. Was wollen die Deutschen? Genau diesen CH-47F, aber mit Luftbetankung. Den gibt es aber nicht. Wenn denn schon die Möglichkeit der Luftbetankung über die Brauchbarkeit eines Transporthubschraubers entscheidet – was nur die Deutschen so sehen –, könnte man auch den Markt sondieren, ob es irgendwelche anderen Lösungen mit Luftbetankung gibt. Nein, es darf nur dieser CH-47F mit Luftbetankung sein, der erst aufwändig produziert werden muss. Logischerweise wird das Angebot dadurch gleich doppelt so teuer, von der Lieferverzögerung ganz zu schweigen.

Wie erklären Sie sich diese skurrile Dysfunktionalität in der Rüstungsbeschaffung?
Der Militärhistoriker Sönke Neitzel vertritt in dieser Hinsicht eine These, die ich vollumfänglich teile: Das große Problem unseres fein gesteuerten Rüstungsbeschaffungsprozesses besteht darin, dass er nicht auf den Bedarf der Truppe und auf schnelle Zuführung ausgerichtet ist, weil uns der Gegner abhandengekommen ist. Es war nach dem Zerfall der Sowjetunion egal, ob ein Panzer zehn Jahre zu spät kam und 30 oder 40 Prozent mehr gekostet hat, denn man musste ihn ja nicht einsetzen oder gegebenenfalls schnell ersetzen können. Spätestens 2014 – und die meisten haben es erst Ende Februar 2022 begriffen – hat sich unsere Lage jedoch fundamental verändert, denn wir sind wieder mit einem veritablen Gegner konfrontiert. Darauf ist unser System nicht im Geringsten ausgelegt.

Zeitlupenwende: Was seit dem 24. Februar 2022 passiert ist und was es wirklich bräuchte

Der Bundeskanzler hat am 27. Februar 2022 in einer Sondersitzung des Deutschen Bundestags die Zeitenwende ausgerufen und für das laufende Haushaltsjahr ein Sondervermögen von 100 Milliarden Euro für die Bundeswehr angekündigt. Ein Jahr

später mussten wir feststellen, dass von diesem Geld noch fast nichts ausgegeben war. Wie kann das sein?

Zunächst einmal muss man sich vergegenwärtigen, wie das sicherheits- und verteidigungspolitische System der Bundesrepublik Deutschland auf den russischen Angriffskrieg in der Ukraine reagiert hat. Es gab eine sehr kurze Phase vor der Invasion und die beiden Wochen danach, in denen in einer bislang ungekannten Geschwindigkeit Weichenstellungen vorgenommen wurden. Und das war bedingt durch die Annahme der politisch Handelnden in Berlin, dass die Russische Föderation die Ukraine in relativ kurzer Zeit einnehmen und mit ihren Truppen anschließend an der Grenze zum Baltikum und zu Polen stehen würde – und niemand wusste, ob die Russen in einem solchen Szenario ihre Aggression nicht auf weitere Länder ausweiten würden. Diese Situation hat einen enormen Druck erzeugt, und es waren innerhalb von zwei bis drei Wochen Dinge möglich, die in der Bundesrepublik Deutschland sonst Jahre oder Jahrzehnte dauern. Als die russische Armee ihren Angriff auf Kiew abbrechen musste und klar wurde, dass sie die Ukraine nicht so schnell einnehmen wird, sind wir in Deutschland sicherheits- und verteidigungspolitisch jedoch wieder in den Friedensmodus zurückgefallen. Am Umgang mit dem Sondervermögen lässt sich dieser Rückfall in die alte Bequemlichkeit gut nachvollziehen. Es ist nach guter deutscher Tradition verfahrens- und verwaltungsmäßig ordentlich eingestellt worden. Nachdem der Bundeskanzler das Sondervermögen am 27. Februar 2022 angekündigt hatte, bedurfte es einer Änderung des Grundgesetzes, die im Juni erfolgte, bevor der Haushaltsausschuss das Geld im November schließlich zur Verfügung stellte. Folglich konnte für das gesamte Jahr 2022 auch nichts mehr davon ausgegeben werden. Aber wenn man will, dass es schneller geht, kann es auch schneller gehen. In einem Schreiben des Verteidigungsministeriums an den Vorsitzenden des Haushaltsausschusses, das sich auf die schlechte Ausrüstung der Soldaten und Soldatinnen bezog, wurde beispielsweise argumentiert, man müsse der Truppe jetzt auch rasch signalisieren, dass die 100 Milliarden nicht nur für die Anschaffung von Großgerät, sondern für ihre grundlegenden Bedürfnisse ausgegeben werden: also Jacken, Unterwäsche, Stiefel usw. Dafür hat der Haushaltsausschuss sodann eine Ausnahmegenehmigung erteilt: Obwohl das Geld noch nicht da war – es wurde ja erst im November eingestellt –, durften auf die Schnelle 2,6 Milliarden für die Ausrüstung ausgegeben werden. Für kein einziges Waffensystem ist hingegen auch nur der Versuch unternommen worden, eine ebensolche Ausnahmeregelung zu erwirken; stattdessen hat man gewartet, bis der gesamte Prozess der Mittelfreigabe ordnungsgemäß über die Bühne gegangen und im November das Geld eingestellt worden war. Deswegen konnten erst ab November 2022 die 25-Millionen-Vorlagen (jede Anschaffung zu einem Preis über 25 Millionen Euro muss vom Deutschen Bundestag genehmigt werden) geschrieben, eingereicht und zur parlamentarischen Abstimmung gestellt werden: also kurz vor der parlamentarischen Weihnachtspause. Schon vorher gab es beispielsweise ein Angebot über eine gewisse Anzahl von Radpanzern Boxer für einen guten Preis, das vom Verteidigungsministerium abgelehnt wurde, weil formal noch kein Geld da war. Die Folge: Später kam ein Angebot für viel weniger Boxer, die aber viel teurer waren.

Man hat beim Bau des LNG-Terminals in Wilhelmshaven gesehen, dass in dem neuen «Deutschlandtempo», wie Olaf Scholz es genannt hat, viel möglich ist, wenn der nötige Wille da ist – aber das war im Verteidigungsministerium offenbar nicht der Fall.

Vor Pistorius' Übernahme war es ein verlorenes Jahr im Verteidigungsministerium. Manchmal können trotz aller festgefahrenen Strukturen und Prozesse eben doch auch einzelne Personen einen Unterschied machen. Nach der Ankündigung des Sondervermögens wusste man ja recht schnell, was mit diesen Mitteln angeschafft werden soll. Die Bedarfsliste lag im Verteidigungsministerium bereits im März 2022 vor. Ab diesem Zeitpunkt hätte man anfangen müssen, die Vorlagen vorzubereiten, so dass diese so schnell wie möglich durchs Parlament gebracht werden können, sobald das Geld eingestellt ist. Damit wurde dann aber erst Anfang 2023 begonnen. Übrigens hätte die Koalition in der Zwischenzeit auch überdenken müssen, ob die aus den 1980er Jahren stammende Grenze von 25 Millionen Euro (damals 50 Millionen D-Mark), ab der Rüstungsbeschaffungsprojekte parlamentarisch genehmigt werden müssen, noch zeitgemäß ist. Vor über 40 Jahren war das in der Rüstungsbeschaffung eine beträchtliche Summe, heute bekommt man dafür jedoch nicht mehr viel. Es gibt seit längerem eine im Beschaffungsamt angestoßene Diskussion über die Frage, ob man die 25-Millionen-Vorlagen heute nicht besser in 75-, 100- oder 115-Millionen-Vorlagen umwandeln sollte. Ich hielte das für sinnvoll, auch wenn darin manche eine Einschränkung der ansonsten ja sehr sinnvollen parlamentarischen Kontrolle von Rüstungsprojekten sehen könnten.

Nach der russischen Invasion hat Deutschland eine Menge Kriegsgerät an die Ukraine geliefert, das anschließend nachbestellt werden musste, wie zum Beispiel die Panzerhaubitze 2000. Warum haben wir eigentlich solche Probleme, dieses Material schnell zu ersetzen? Vielleicht können wir in diesem Zusammenhang einmal durchspielen, wie so ein Beschaffungsprozess konkret abläuft.

Es sieht auf dem Papier eigentlich ganz einfach aus. Im Falle der an die Ukraine gelieferten Panzerhaubitzen wird der Bedarf im Ministerium identifiziert und an das Bundesamt für Ausrüstung, Informationstechnik und Nutzung der Bundeswehr

(BAAINBw) in Koblenz kommuniziert, das wegen der 25 Millionen Euro übersteigenden Kosten beim Parlament einen Genehmigungsantrag stellen muss, um den Bedarf anschließend zu beschaffen. Insofern juristisch alles wasserdicht ist, handelt das Amt mit der Industrie die Verträge aus. So weit, so einfach – bzw. so schwer. Denn nachbestellt wurde erst im März und Mai 2023, obwohl wir die Panzerhaubitzen bereits zwischen Juni und September 2022 an die Ukraine geliefert hatten. Der ganze Prozess dauert einfach viel zu lang. Die juristische Prüfung in Koblenz nimmt enorm viel Zeit in Anspruch, genauso wie die darauffolgenden Vertragsverhandlungen zwischen dem Beschaffungsamt und der Industrie. Und erst nach Vertragsschluss beginnt z. B. Kraus-Maffei Wegmann überhaupt erst mit der Produktion, obwohl das Unternehmen bereits lange weiß, dass und was die Bundeswehr bestellen wird. Zeitsparende Vorverhandlungen sind nach diesem juristisch hochkomplexen Verfahren ausgeschlossen. Dieser ganze Aufwand ist vielleicht verständlich, wenn es sich um die Bestellung neu entwickelter Waffensysteme handelt, bei denen die juristischen und sonstigen Unwägbarkeiten besonders groß sind. Aber bei bereits erprobten Systemen, für die es in der Vergangenheit doch schon Bestellvorgänge gegeben hat, wirkt das absurd, wie vieles andere auch im Bürokratiemonster Bundesrepublik Deutschland.

Brauchen wir ein Notgesetz zur Beschleunigung bürokratischer Verfahren bei der Ausrüstung der Bundeswehr?

Wir brauchen Strukturen, die auf Krise ausgerichtet sind. In dieser Hinsicht lohnt der Vergleich mit dem kurzfristigen Bau von LNG-Terminals: Der Druck für die Substituierung von russischem Gas war aufgrund der drohenden Notlage so groß, dass man hinderliche Bau- und Verfahrensvorschriften einvernehmlich beiseitewischte, und innerhalb von acht Monaten – was für die Bundesrepublik Lichtgeschwindigkeit ist – standen die Terminals. Im Beschaffungswesen fehlen uns eine solche Krisenstruktur und die dazugehörige Mentalität, auch mal fünfe gerade sein zu lassen, wenn es die Lage erfordert. Wenn man Waffensysteme zum Beispiel nur in Deutschland bestellen will, besteht die Möglichkeit zur Aussetzung des europäischen Vergaberechts. Aber so etwas macht man nicht, wenn man immer der europäische Musterschüler sein will. Die Franzosen setzen europäisches Recht unter Verweis auf die nationale Sicherheit immer wieder außer Kraft und kaufen einfach ein, während die Deutschen zumindest bis vor kurzem die europäischen Vorgaben sogar noch durch eigene ergänzten. Ein Beispiel: Wir haben relativ frühzeitig den Flugabwehrkanonenpanzer Gepard in die Ukraine geliefert, und dabei hat das sonst so viel gescholtene Beschaffungsamt in Koblenz gleich darauf hingewiesen, dass die intensive Nutzung des Panzers in Kampfhandlungen in kurzer Zeit zu den typischen Verschleißerscheinungen führen werde und man doch schon einmal damit anfangen solle, Ersatzteile zu bestellen. Dieser Hinweis ist im Ministerium versandet, bevor irgendwann die Nachricht kam, es gebe keine Ersatzteile für den Gepard. Das ist keine Kriegs- und Krisen-, sondern eine Friedensmentalität.

Einige kundige Stimmen haben sogar gefordert, eine neue überschaubare Beschaffungsstruktur aufzusetzen, um die 100 Milliarden Euro Sondervermögen auszugeben. Währenddessen hätte man sich Zeit verschafft, die bestehende, dysfunktionale Struktur zu reformieren. An sich ist das keine schlechte Idee. Um einem allgemein gängigen Missverständnis zu begegnen: In der Öffentlichkeit ist der Eindruck entstanden, das Beschaffungsamt in Koblenz sei das Problem. Richtig ist: Koblenz ist ein Teil des Problems, aber nicht das Problem. Es reicht nicht aus, an einer Stellschraube zu drehen, um ein verwobenes System aus Ministerium, Bundeswehr, Beschaffungsamt und Rüstungsindustrie auf Vordermann zu bringen.

Was würde es konkret bedeuten, so eine Parallelstruktur aus dem Boden zu stampfen?

Stellen Sie genügend Mitarbeiter aus dem Ministerium ab, die sich mit Rüstung beschäftigen. Da gibt es eine ganze Abteilung A (Ausrüstung) und eine ganze Abteilung P (Planung). Und die fangen dann an, Vorlagen zu schreiben, zu bestellen und zu kaufen.

Warum macht man das nicht?

Weil keiner den Mut für eine derart große Reform hat. Weil man Angst hat, es könnten Gelder verschwendet werden, und am Ende ist man auch noch politisch dafür verantwortlich. Die deutsche Bürokratie hat mehr Angst vor dem Bundesrechnungshof als vor den Streitkräften der Russischen Föderation, was auch in Ordnung wäre, wenn wir uns in normalen Zeiten befänden. Und wie das Puma-Debakel gezeigt hat, führt die genaue Einhaltung des Verfahrens in Deutschland noch nicht einmal zu zufriedenstellenden Ergebnissen. Nach mehreren Jahren der Entwicklung, die mehrere Milliarden Euro verschlungen haben, kommt aus dem Verteidigungsministerium die Aussage, der Puma sei «im Prinzip ein kriegstaugliches Waffensystem» – steckt also noch in der Betaversion und ist nur eingeschränkt einsatzfähig.

Für Außenstehende ist nur schwer zu begreifen, dass man an diesen Missständen noch nichts geändert hat. Woran liegt das?

Seit 30 oder 40 Jahren leben wir im Sicherheits- und Verteidigungssystem der Bundesrepublik mit den Strukturen, die wir uns selbst gegeben haben. So lange war es nicht notwendig, dass eine Bestellung fristgerecht geliefert wird und dass man für das Geld, das ausgegeben wurde, auch das bekommt, was man bestellt hat, etwa ein funktionsfähiges Waffensystem. Wozu, wenn man es – Stichwort Friedenszeiten – nicht benötigt? Eigentlich müsste ein Prinzip von Verwaltung sein, so effizient wie möglich zu agieren, unabhängig davon, ob ein Bedrohungsgefühl existiert oder nicht. Aber in Deutschland hat sich sektorübergreifend gezeigt, dass das ein Trugschluss ist – vor allem in langen Friedens- und Wohlstandszeiten, an deren Ende man die heraufziehenden Veränderungen gar nicht mehr wahrnimmt. Die Folge: In Deutschland sind die Verwaltungsprozesse von der kommunalen bis zur Bundesebene überbürokratisiert worden, mit einer Flut von Regeln und Regelungen, angefangen beim Hausbau. Warum soll die Bundeswehr davon ausgenommen sein?

Diese Kritik hört man oft. Aber war nach dem 24. Februar 2022 wirklich so klar, was die Bundeswehr braucht? Nachdem man die Dinge so lange verschleppt, ja so lange alles andere als strategisch gedacht hat: Braucht man dann nicht erst mal eine ganze Weile, um überhaupt ein Gefühl dafür zu bekommen, was bestellt werden muss, oder lagen die Pläne eigentlich in der Schublade?

Im Rahmen des gemeinsamen Nato Defence Planning Process melden alle Mitgliedstaaten, was sie beschaffen wollen, damit der Überblick nicht verlorengeht: Über welche Waffensysteme verfügen eigentlich die Deutschen, was haben die Franzosen und so weiter und so fort. Deutschland hat in den letzten Jahren zwar immer fleißig gemeldet, aber, wie erwähnt, nie entsprechend beschafft. Dadurch ist – je nach Rechnung – eine Bugwelle von 60 Milliarden Euro aufwärts entstanden für Systeme, die wir zwar gemeldet haben, aber nie hatten. Ein Teil des Sondervermögens wird nun dafür verwendet, der Nato endlich das zu liefern, was wir ihr seit Jahren versprochen haben. Da gibt es eine Liste, aber schon die Art und Weise, wie diese Liste in den letzten Jahren aufgestellt wurde, ist fragwürdig – und an dieser Stelle dringen wir zum Kern der Frage vor. Aus Spaß habe ich mal gesagt, dass der Bedarf in der Bundeswehr so ermittelt wird wie die Weihnachtswunschliste meiner Kinder. Wir haben in der Familie einen gemeinsamen Amazon-Account, und meine Kinder legen im Warenkorb das ganze Jahr über Dinge ab, die sie cool finden. Und an Weihnachten oder zum Geburtstag überlege ich dann, was ich davon für sie kaufe. Und so kam ungefähr die Beschaffungsliste der Bundeswehr zustande: Jeder sagt, was er möchte, und am Ende werden im Ministerium ein paar Wünsche gestrichen, dann ist die Liste fertig. In jeder vernünftigen Strategieabteilung würde man sich jedoch zuerst die Frage stellen, mit welchen Kriegsszenarien zu rechnen ist, wie und mit welchen Waffen die Verbündeten oder man selbst angegriffen würde und worin die eigene Rolle im Bündnis in einem solchen Fall bestünde. Und abhängig davon stellte sich dann die Frage: Was wird gebraucht? Erwartet man Raketenangriffe, wird viel mehr Luftverteidigung benötigt, erwartet man einen Angriff großer, durchbrechender Panzerverbände, braucht man selbst die entsprechenden Panzerverbände zur Verteidigung. Mir fehlt bei unserem Beschaffungsprozess die Planung in Kriegsfallszenarien, aus denen die benötigten Fähigkeiten abgeleitet werden.

Dann lassen Sie uns doch mal Strategie spielen. In den sozialen Medien hat ja in den letzten Monaten schon das große Panzerzählen begonnen: Wir haben nur noch 300 Panzer, das ist doch viel zu wenig, wir hatten mal 5000, wir brauchen ganz dringend mehr und neue Panzer, wir müssen aufrüsten, 300 neue Panzer bestellen, Leoparden. Da stellt sich die Frage: Ist das nicht zu sehr von den Entwicklungen her gedacht, die wir gerade in der Ukraine beobachten, bzw. vom Panzerbedarf an der ukrainischen Front, während ein Krieg unter Beteiligung der Nato ganz anders aussehen würde? Was brauchen wir eigentlich?

Mit dem Sondervermögen sollen schon einige Anschaffungen

getätigt werden, die eine Antwort auf den modernen Krieg sind, zum Beispiel im Bereich der Luftverteidigung, im Bereich der Führungssysteme, also vor allem fürs Heer. Was aber völlig fehlt, sind Drohnen jeglicher Art, ob zur Aufklärung oder bewaffnet. Natürlich gibt es dieses europäische Entwicklungsprojekt mit der großen, überdimensionierten Drohne European MALE RPAS (medium-altitude, long-endurance, remotely piloted air system) oder Eurodrone, aber mir geht es vor allem auch um den Ankauf bestehender Lösungen. Wenn wir uns die beiden letzten zwischenstaatlichen Kriege, also zwischen Aserbaidschan und Armenien und jetzt zwischen Russland und der Ukraine, vergegenwärtigen, dann müssen wir feststellen, dass Drohnen in sämtlichen Spektren genutzt werden: von den Killerdrohnen, die eigenständig in ihre Ziele reinfliegen, über simple Aufklärungsdrohnen, die mit GPS-Signalen versehen sind, bis hin zu bewaffneten Kampfdrohnen vom Typ Bayraktar. Aserbaidschan hat den Krieg zum Beispiel nicht zuletzt deshalb gewonnen, weil die Armenier keine Luftverteidigung im Nahbereich hatten, so dass man auf deren Panzerverbände einfach Drohnen niederregnen lassen konnte. Jedenfalls: Drohnen fehlen in der Beschaffungsliste der Bundeswehr komplett. Aber sie spielen in den militärischen Auseinandersetzungen der Zukunft wenn auch keine entscheidende, so doch eine sehr wichtige Rolle. Natürlich sind auch Panzer wichtig. Aber sehen wir in der Ukraine die großen Panzerschlachten? Nein, wir sehen sie nicht. Wir sehen nur wenige Panzerduelle. Die Panzer fungieren dabei meist als Ersatzartillerie, genutzt aufgrund des Mangels von klassischen Geschützen und Munition. Was wir vor allem sehen, sind viele geplatzte Panzer, und das ist wegen ihrer Konstitution auch nicht weiter verwunderlich: Es handelt sich um dickes Blech, das sehr prominent in der Landschaft herumsteht und grundsätzlich sowohl aus der Luft als auch vom Boden aus leicht angegriffen werden kann. Die Russen haben nach Schätzungen mittlerweile fast

3000 ihrer Panzer verloren, auch ein großer Teil der ukrainischen Panzer wurde zerstört. Vor diesem Hintergrund lässt sich nur schwer argumentieren, dass Panzer die Lösung der Zukunft sind. Artillerie, also Steilfeuer, ist viel entscheidender. Der Ukrainekrieg ist weniger die Rückkehr der Panzerverbände als die Rückkehr der Artillerie. Man benötigt einige bestimmte Panzerspitzen, um Durchbrüche zu erzielen. Ansonsten sind aber der Schutz der Panzer und die Artillerie wichtiger.

Deutschland hat seine Luftabwehr des Heeres abgeschafft – einer der Gründe, warum der Gepard ausgemustert wurde und für die Ukraine zur Verfügung stand. Nun merkt man, dass dieser Flugabwehrkanonenpanzer in der Ukraine gute Dienste leistet. Müssen wir die Luftverteidigung des Heeres also wieder stärken?
Absolut, wir brauchen sie, ob mit dem Gepard, sei mal dahingestellt. Panzer werden heute auch von Drohnen angegriffen. Deshalb benötigt man Systeme, die in der Lage sind, diese Drohnen abzuschießen. Das kann die Infanterie sein, die spezielle Waffen bei sich trägt, oder ein anderes System. In jedem Fall ist die Luftverteidigung zu priorisieren. Alles das, was das Territorium, Städte, militärische Einrichtungen und Heeresverbände beim Vorrücken schützt.

Und wie sieht die Lage bei der Luftwaffe aus? Aus dem Sondervermögen sollen die amerikanischen F-35 bezahlt werden, die inzwischen bestellt wurden. Halten Sie die Kampfjets für eine vordringliche Beschaffung, wo die Nato einem potenziellen russischen Aggressor in dieser Hinsicht doch sowieso überlegen wäre?
Fest steht, dass wir innerhalb der Nato eine starke gemeinsame Luftstreitmacht haben. Jetzt könnte man argumentieren: Elf Nato-Staaten haben, abgesehen von Deutschland, die F-35 ent-

weder schon gekauft oder sind dabei, sie zu kaufen; im Verbund wären also genügend moderne Systeme für den Luftkampf vorhanden, so dass die deutsche Luftwaffe hier nicht auch noch nachziehen müsste, obwohl sie natürlich immer auch besser aufgestellt sein könnte. Experten sind zudem der Ansicht, dass die F/A-18 Super Hornet wesentlich besser ist als die F-35. Allerdings ist dieser Kauf dennoch sinnvoll, zumal er auch ein Abrücken von der typisch deutschen Suche nach der Goldrandlösung darstellt, wie wir sie vorhin diskutiert haben. Denn in Deutschland muss zum einen rasch die Tornado-Nachfolge geregelt werden, weil die taktischen Nuklearwaffen der Amerikaner modernisiert werden oder schon modernisiert wurden, so dass sie nicht mehr von den Tornados im Einsatzfall ins Ziel transportiert werden können. Mit der F-35 erhält Deutschland ein Flugzeug, mit dem es die nukleare Teilhabe weiterführen kann. Zum anderen eröffnet der Kauf der F-35 natürlich Möglichkeiten der Kooperation, die wir ansonsten nicht hätten. Wenn alle den gleichen Kampfjet haben, können die europäischen Streitkräfte enger und besser zusammenarbeiten. Sie können fortan zum Beispiel gemeinsam ausbilden, wenn sie es wollen, oder gemeinsam trainieren. Sie können bei der Beschaffung von Ersatzteilen mit einer viel größeren europäischen Flotte beim Hersteller Lockheed Martin einen viel niedrigeren Preis aushandeln als allein. Darüber eröffnen sich also ganz neue Möglichkeiten, die Europäisierung der Streitkräfte voranzutreiben. Folglich finde ich die Entscheidung für die F-35 sehr richtig, unabhängig davon, was die Luftwaffenfreaks sagen. Denn wir docken damit an eine gesamteuropäische Lösung an, könnten die nukleare Teilhabe zum Beispiel künftig gemeinsam mit den Niederländern organisieren.

Sehen Sie das Problem, dass man sich mit solchen Käufen zu stark von den Amerikanern und deren Rüstungsindustrie abhängig macht?

Das Problem ist, dass wir nichts Vergleichbares in Europa haben. Kurz- und mittelfristig gibt es keine andere Option als die Abhängigkeit von den Amerikanern. Deutschland, Frankreich und Spanien entwickeln ja bereits das Future Combat Air System (FCAS), ein gemeinsames europäisches Kampfflugzeug und Waffensystem der Zukunft. Bis zu dessen Fertigstellung werden aber noch mehr als 20 Jahre ins Land gehen. Das Problem mit diesen europäischen – und insbesondere deutsch-französischen – Rüstungskooperationen besteht in aller Regel darin, dass immer ein großer Teil von ihnen Industriepolitik ist. Wenn man etwa das Projekt eines gemeinsamen deutsch-französischen Panzers betrachtet, bei dem es neuerdings wieder erste positive Signale gibt, so hakte es lange an der Frage, wer was wo produziert. Es ging dabei etwa bei der Kanone vor allem um den Produktionsstandort, nicht um die beste technische Lösung oder die größere Durchschlagskraft. Nationale Industriepolitik steht folglich im Widerspruch zu dem Gedanken europäischer Rüstungskooperation, die wiederum das Ziel hat, gemeinsame europäische Systeme schnell verfügbar zu machen und eine Alternative zu amerikanischen Systemen darzustellen. Ob sich daran unter dem Druck der russischen Aggression jetzt wirklich nachhaltig etwas ändert, bleibt abzuwarten.

Was würde passieren, wenn der Reformelan versiegt und die strukturellen Probleme der Bundeswehr, insbesondere ihre Unterversorgung mit Material, am Ende doch nicht angegangen werden? Man könnte ja auch zynisch argumentieren: Die Fähigkeiten der Nato in Europa reichen letztlich – abgesehen von der Luftverteidigung – auch so aus, um Russland abzuschrecken.

Zunächst einmal sollten wir uns auf rein militärischer Ebene noch einmal klarmachen, dass die amerikanische Präsenz auf dem europäischen Kontinent im jetzigen Ausmaß keine Selbstverständlichkeit ist und wir nicht davon ausgehen können, dass die USA in allen Konstellationen und auf unbestimmte Zeit unsere Sicherheit garantieren. Mir ist aber ein anderer Punkt fast noch wichtiger, und er hängt mit der Frage zusammen: Was ist militärische Macht? Sie ist nicht nur ein Instrument, um einen Angriff zurückzuschlagen, sondern auch ein Mittel, um politischen Einfluss auszuüben. Im Falle der Bundesrepublik auf die Struktur der Nato. Je schwächer wir sind, desto weniger Einfluss haben wir auf die Politik der Allianz; je stärker wir sind, auch als konventionelle Macht, desto einflussreicher sind wir. Die vier größten Player der Nato haben schon vor langer Zeit den Quadrilateral Security Dialogue, kurz Quad, gegründet, ein Format mit enormem Gewicht, in dem sich Amerikaner, Briten, Franzosen und Deutsche vor jeder Nato-Ratssitzung zusammensetzen, um ihre Positionen miteinander abzustimmen. Wenn Deutschland die dringend fällige Modernisierung seiner Armee unterlässt, gibt es bald auch keinen Grund mehr, warum wir in diesem wichtigen Format mitreden dürfen. Warum sollten wir größeren politischen Einfluss haben als Italien oder Spanien, wenn wir auf keine höheren militärischen Fähigkeiten verweisen können? Dann kommen irgendwann die Polen und sagen zu Recht: Wir sind an der Reihe. Es kann nicht das Ziel Deutschlands sein, in die zweite Liga der Nato-Staaten abzusteigen. Wenn der Bundeskanzler eine führende Rolle in Europa und in der Nato beansprucht, kommt er nicht umhin, ein militärisches Machtpotential zu unterhalten, das diesen politischen Anspruch auch unterfüttert.

Und welches militärische Machtpotential wäre für diesen Zweck ausreichend?

Erstens eine voll ausgerüstete Bundeswehr. Das wäre schon einmal viel: die Einsatzfähigkeit von knapp über 180 000 Mann, die voll ausgerüstet sind. Damit hätten wir auch tatsächlich und nicht nur auf dem Papier die drittstärkste konventionelle Armee in Europa. Polen ist zwar auf dem Weg, sowohl was Personal als auch was Material anbelangt, uns diesen Platz streitig zu machen, aber inwiefern die Zahl seiner Soldatinnen und Soldaten tatsächlich von gegenwärtig 110 000 auf 300 000 erhöht werden kann, wie es Jarosław Kaczyński angekündigt hat, bleibt abzuwarten. Zudem wird es neben der schieren Quantität auch auf die Qualität der Streitkräfte ankommen, und da braucht Polen noch einige Zeit, bis sie besser operieren können als die deutsche Bundeswehr. Zweitens ist dafür die Erfüllung unserer Verpflichtungen in der Nato notwendig, zum Beispiel die für 2025 zugesagte Division mit ihren 30 000 Soldaten. So gewinnen wir politischen Einfluss, nicht nur darüber, dass wir der zweitgrößte Beitragszahler zum Nato-Budget sind.

Was würde das schätzungsweise kosten?

Da reicht das Sondervermögen wohl eher nicht aus. Die Wehrbeauftragte des Deutschen Bundestags Eva Högl hat 300 Milliarden Euro zusätzlich in den Raum geworfen. Das ist vielleicht zu viel. Aber wir bewegen uns schon irgendwo zwischen zusätzlichen 150 bis 250 Milliarden. Am Ende benötigen wir vor allem eine permanente Erhöhung des Verteidigungsetats, denn einmal aufgewandte Mittel generieren Folgekosten, die aus dem Verteidigungshaushalt beglichen werden müssen. Bei einer dauerhaften Erhöhung des Verteidigungsetats auf zwei Prozent des Bruttoinlandsprodukts hätten wir künftig ca. 80 Milliarden Euro jährlich zur Verfügung und laut offiziellen Zahlen mit Indien den viertgrößten Verteidigungsetat der Welt, hinter den Gorillas USA mit über 800 Milliarden und China mit fast 300 Milliarden und wahrscheinlich auch noch hinter Russland mit seinen knapp 90 Milliarden – wobei gerade die offiziellen Angaben aus Russland stark zu bezweifeln sind. Für die viertgrößte Volkswirtschaft der Welt wäre dieser Rang nur angemessen. Wenn man die Bundeswehr mit diesem zusätzlichen Geld konsequent strukturell reformiert, reicht dieser Betrag langfristig aus. Wenn es allerdings dabei bleibt, dass wir das Geld weiter nur in ein dysfunktionales System einspeisen, können wir den Verteidigungshaushalt auch auf 100 Milliarden Euro jährlich erhöhen, ohne dass irgendetwas besser wird.

Und das reicht dann, um die Zeitenwende mit Leben zu füllen und Deutschland wieder abwehrbereit zu machen?

Wichtig ist: Eine Zeitenwende heißt mehr als 100 Milliarden zusätzlich für die Bundeswehr oder die Erhöhung des Verteidigungsetats auf zwei Prozent des BIP. Zeitenwende bedeutet zuvorderst, dass wir unsere Strukturen, Verfahren und Prozesse in der Außen-, Sicherheits- und Verteidigungspolitik auf den Prüfstand stellen und fragen: Sind sie krisenfähig? Kann man in ihnen schnell handeln? Ist diese ganze Kompetenzaufteilung zwischen Kanzleramt, Auswärtigem Amt, Verteidigungsministerium, Bundeswehr und Bundesländern noch funktional? Wie schwierig die grundlegenden Probleme zu lösen sind – und dass sie von einem guten Verteidigungsminister allein nicht gelöst werden können –, zeigt doch das Debakel mit der Nationalen Sicherheitsstrategie. Sie sollte auf der letzten Münchner Sicherheitskonferenz vorgestellt werden, was wegen Streitigkeiten zwischen Kanzleramt und Auswärtigem Amt jedoch auf unbestimmte Zeit verschoben wurde. Als das Papier schließlich der Öffentlichkeit präsentiert wurde, interessierte es schon kaum noch jemanden. Und auch wenn man sich den Inhalt der Nationalen Sicherheitsstrategie anschaut, muss man sagen: Am großen Ziel vorbei. Zwar enthält sie eine zutreffende Analyse der Herausforderungen für die Außen- und Sicherheitspolitik der Bundesrepublik, sie bleibt aber dort stehen, wo es eigentlich hätte interessant werden können, nämlich bei der Frage, was aus dieser Bedrohungsanalyse für die Strukturen und Prozesse folgt, in und mit denen wir Außen- und Sicherheitspolitik betreiben. Zudem gelang es dem Finanzministerium, einen Finanzierungsvorbehalt in das Dokument hineinzubringen. Da steht nämlich, salopp gesagt: Ihr könnt alles machen, was ihr wollt, aber nur mit dem Geld, das ihr zur Verfügung habt. Es wird nicht mehr finanzielle Mittel geben. Wenn man ein gemeinsames Strategiepapier anfangs so hochhängt und anschließend so verschleppt und verstolpert, kann das nur heißen: So ernst ist es uns mit der Zeitenwende auch wieder nicht.

Der zweite Punkt ist vielleicht noch wichtiger als die Strukturen, Verfahren und Prozesse rund um die Bundeswehr. Wir reduzieren den Begriff der Zeitenwende auf die Armee, sollten ihn aber auf die ganze Gesellschaft anwenden und fragen: Was bedroht uns? Das sind nicht nur russische Panzer und Raketen, das sind vor allem auch russische Desinformation, Angriffe auf die kritische Infrastruktur und der ökonomische Imperialismus Chinas – also alles Bereiche, in denen die Rolle der Bundeswehr bei der Gefahrenabwehr eher klein sein wird. Wir brauchen resiliente, wehrhafte Gesellschaften und müssen Verteidigung viel breiter verstehen als die Drohung mit oder den Einsatz von militärischen Mitteln. Verteidigung ist ein gesamtstaatliches, ein gesamtgesellschaftliches Konzept.

Ein Blick nach Nordeuropa, in die baltischen Staaten und nach Polen verdeutlicht, dass unsere Nachbarn das längst begriffen haben. Dort redet man seit Jahren von «total defence», also von totaler Verteidigung, auch wenn dieser Begriff in Deutschland falsche Assoziationen weckt und daher in unseren Debatten besser vermieden werden sollte. Aber das Konzept ist richtig: Es geht um die Verteidigung von demokratischen Gesellschaften mit allen staatlichen Mitteln. In ihnen ist der einzelne Bürger bzw. die einzelne Bürgerin qua Resilienz selbst ein Teil der Verteidigung. Sie oder er verlässt sich nicht bloß auf das Militär. Wie bereite ich Menschen etwa in München-Schwabing oder in Berlin-Neukölln auf einen Angriff auf die kritische Infrastruktur der Elektrizitätswerke vor, also auf eine Situation, dass dieser Stadtteil für drei Tage von der Stromversorgung abgeschnitten ist, ohne dass Chaos und Panik ausbrechen? Dieses Szenario ist viel wahrscheinlicher als die Überquerung der deutschen Außengrenze durch einen russischen Panzerverband. Wie trainiert man also die Bevölkerung für einen solchen Fall? Wie schafft man Redundanzen, also was ist zu tun, damit im Falle eines Angriffs auf die kritische Infrastruktur die Grundversorgung dennoch erhalten bleibt? Dabei geht es nicht nur um Notstromaggregate in Krankenhäusern. Zeitenwende bedeutet, Verteidigung neu und umfassend zu denken. Davon sind wir in Deutschland meilenweit entfernt und haben den Begriff stattdessen auf 100 Milliarden für die Bundeswehr und zwei Prozent Verteidigungsausgaben, gemessen am Bruttoinlandsprodukt, reduziert.

Wenn wir Verteidigung primär unter dem Gesichtspunkt gesellschaftlicher Resilienz betrachten, dann erzeugt dies auch einen Mentalitätswandel. Es fällt dann nicht mehr so leicht, die Bedrohung zu externalisieren und sich im Inneren als Gesellschaft zu sicher zu fühlen. Denn heutzutage sind die Gefahren allgegenwärtig und es braucht ein Bewusstsein für diese Bedrohungen, wenn wir sie beherrschbar machen wollen. Resilienz zielt somit nicht auf einen Endzustand (Sicherheit), sondern akzeptiert, dass diese Gefahren und Bedrohungen permanent da sind, und ich mit ihnen umzugehen lernen muss.

Wenn Sie sagen, dass die demokratischen Gesellschaften «mit allen staatlichen Mitteln» verteidigt werden müssen, dann fragt man sich schon, an welche staatlichen Mittel Sie hier denken. Soll der Staat die Debatten kontrollieren und «Wehrkraftzersetzer» verhaften?

Natürlich nicht, dann würde unsere Gesellschaft ja aufhören, demokratisch zu sein. Dennoch schöpfen wir noch längst nicht alle Mittel aus, über die der Staat verfügt. Nicht nur im Bereich der Sensibilisierung für die Herausforderungen, denen wir in puncto Abwehrbereitschaft durch Cyberattacken, soziale Medien und vulnerable Infrastrukturen gegenüberstehen. Sondern auch bei der Rüstungsbeschaffung. In der Pandemie hatten wir große Schwierigkeiten, die Impfstoffe rechtzeitig zu bestellen und die Beschaffung zu beschleunigen. Was die Deutschen noch nicht richtig verstehen: Der Staat kann mehr machen, als zu warten, bis die Industrie die Produkte herstellt. Denselben Fehler machen wir auch in der Sicherheits- und Verteidigungspolitik: zu warten, bis die Industrie ein Waffensystem herstellt und liefert, um sich dann zu wundern, dass das alles so lange dauert. Die Wirtschaft richtet sich nach anderen Prinzipien aus als nach dem staatlichen Bedarf. Die Industrie hat keinen Anreiz, auf einmal deutlich mehr zu produzieren, ohne dass der staatliche Bedarf mittel- oder langfristig gesichert ist – ihre Investitionen müssen sich lohnen –, während umgekehrt der Staat in Krisensituationen kurzfristig große Mengen braucht, aber in wenigen Jahren vielleicht nicht mehr. Wenn die Industrie beispielsweise eine Produktionslinie zur Herstellung von zehn Leopard-Panzern pro Jahr betreibt, könnte sie mit zehn Linien pro Jahr 100 Stück produzieren. In der momentanen Krisensituation käme dem Staat letzteres Szenario zupass, aber wenn er im darauffolgenden Jahr keine 100, sondern nur noch 30 Panzer abnähme, könnte die Industrie die Kapazitäten für 70 Panzer nicht auslasten. Unter marktwirtschaftlichen Gesichtspunkten lässt sich dieses Problem nicht auflösen. Will ein Staat seine Krisenfähigkeit erhöhen, muss er in bestimmten Bereichen, zum Beispiel auch beim Klimaschutz, als wirtschaftlicher Akteur auftreten. Mit den angestaubten Glaubenssätzen, wonach der Staat bloß Rahmenbedingungen setze und Anreize schaffe, kommt man da nicht weiter. Der Geist des Neoliberalismus muss aus den Kernbereichen staatlichen Handelns wieder vertrieben werden. Der Staat darf die innere und äußere Sicherheit seiner Bürger nicht der unsichtbaren Hand des Marktes überlassen.

Aber wo fängt der staatliche Interventionismus an, und wo hört er wieder auf? Müssen wir in Teilen auf Kriegswirtschaft umstellen?

Der Staat soll jetzt nicht anfangen, die gesamte Rüstungsindustrie zu verstaatlichen und alle Waffensysteme selbst zu produzieren. Drohnen wie die israelische Heron oder die türkische Bayraktar sind auf dem Markt verfügbar; wir müssen keine eigenen entwickeln und produzieren, sondern können die bestehenden Modelle einfach kaufen. Ein deutscher Panzer ist hingegen ein Premiumprodukt, das man in dieser Qualität nur von der hiesigen Rüstungsindustrie erhält. Hier muss der Staat strategisch aktiv werden. Das heißt nicht, dass die Panzerproduktion verstaatlicht werden soll; dadurch würde das Ergebnis am Ende keinesfalls besser, im Gegenteil. Es geht vielmehr darum, bestimmte Rüstungsprojekte als staatliche Aufgabe zu formulieren – mit den dazugehörigen Investitionsgarantien, Abnahmegarantien und Förderprogrammen.

Etwas anders gelagert ist der Fall bei der Munitionsproduktion, zumindest wenn es sich um einfache, nichtintelligente Munition handelt. Kurz nach dem 24. Februar 2022, also lange bevor wir hierzulande darüber diskutiert haben, wann der Ukraine die Munition ausgehe, hat ausgerechnet Ungarn eine umfangreiche Munitionsbestellung bei Rheinmetall aufgegeben. Obwohl er als Putin-nah gilt, hat paradoxerweise Victor Orbán die Zeichen der Zeit schneller erkannt als die Deutschen. Uns kamen dann noch weitere Staaten zuvor – wohlgemerkt bei einem deutschen Rüstungsunternehmen. Die folgerichtige, marktwirtschaftliche Antwort von Rheinmetall lautet: Erst bekommen die Ungarn ihre Bestellung, danach die Polen, dann die Slowaken, schließlich die Deutschen. Wenn der Staat solche Szenarien vermeiden und in der neuen Weltunordnung dauerhaft Munition vorrätig halten will, muss er das Geld in die Hand nehmen und selbst eine Munitionsfabrik bauen. Die könnte dann Deutsche Munition heißen, würde dem Bund gehören und Munition produzieren, solange sie gebraucht wird. Fakt ist jedenfalls: Wir brauchen in heutigen Zeiten Produktionsanlagen, die ausschließlich für die Bundeswehr arbeiten, und die kommen durch die unsichtbare Hand des Marktes nicht zustande. Wenn die marktwirtschaftliche Logik eines Rüstungsunternehmens der staatlichen Logik einer schnellen Beschaffung eklatant und in unauflösbarer Weise widerspricht, muss der Staat handeln. Der Schreckensbegriff der Kriegswirtschaft erzeugt dabei jedoch eine völlig falsche Vorstellung.

Wichtig ist jedenfalls: Wir müssen den Begriff der Zeitenwende breiter denken als nur in Bezug auf die Ausrüstung der Bundeswehr. Wenn sich das Verhältnis von Politik und Gesellschaft zur militärischen Macht nicht grundlegend ändert, werden wir in sechs bis acht Jahren vielleicht über eine voll ausgerüstete Bundeswehr verfügen, aber ohne eine Vorstellung davon zu haben, wie und wo sie eingesetzt werden soll. Und wir müssen kreativer umgehen mit den Möglichkeiten des Staates. Als die unmittelbare Bedrohung aufgrund des unerwartet erfolgreichen Widerstands der Ukraine wegfiel, haben sich viele wieder auf das Friedenstempo zurückgezogen, das uns Zeit ließ für aufwändige bürokratische Prüfverfahren und Goldrandlösungen. Wenn wir das nicht abgestellt bekommen, wird die Zeitenwende scheitern.

Kapitel 2

«Deutschland hat leider gerade versagt»

Marie-Agnes Strack-Zimmermann

Operation am offenen Herzen: Bilanz der deutschen Russland- und Ukrainepolitik vor und nach dem 24. Februar 2022

Wenn Sie am 24. Februar 2022 und in den Wochen danach Bundeskanzler gewesen wären, was hätten Sie anders gemacht als Olaf Scholz?

Die wirklich interessante Frage ist nicht, was ich ab dem 24. Februar anders gemacht hätte. Da haben die Bundesregierung und der Bundeskanzler im Großen und Ganzen die richtigen Maßnahmen ergriffen, auch wenn manches hätte schneller gehen können. Die eigentliche Frage ist: Was hätte man vorher anders machen können, ja müssen? Robert Habeck ist während des Bundestagswahlkampfs im Sommer 2021 in den Donbas gereist und hat Defensivwaffen für die Ukraine gefordert. Bei dieser Gelegenheit ist dieses ikonische Bild von ihm mit Stahlhelm irgendwo an der Front entstanden. Einmal abgesehen davon, dass es weder defensive noch offensive Waffen gibt, sondern einfach nur Waffen, war Habecks Forderung, wie wir heute wissen, richtig. Seit 2014 tobte im Donbas ein von Russland ausgelöster Krieg, und die Ukraine brauchte die Waffen schon damals, um sich dort besser zu verteidigen, bzw. die von russischen Separatisten besetzten Teile zurückzuerobern. Vielleicht wäre die abschreckende Wirkung auf die Russische Föderation größer gewesen, wenn man die Ukraine viel früher mit entsprechenden Waffensystemen ausgestattet hätte. Dann hätten die Russen eventuell realisiert, dass ein Einmarsch in die Ukraine, wie er am 24. Februar 2022 erfolgt ist, möglicherweise viel höhere Verluste nach sich zieht als erwartet. Eine Garantie dafür gibt es nicht. Aber frühzeitige Waffenlieferungen wären eine Strategie gewesen, um diesen Krieg zu verhindern.

Die Reaktion auf Habeck war nicht nur in der SPD, sondern auch in seiner eigenen Partei überwiegend negativ. Er wurde regelrecht zurückgepfiffen.

Zurückgepfiffen ist das richtige Wort. Die Grünen wollten im Wahlkampf nichts riskieren, und Habeck rüttelte an dem parteiübergreifenden Konsens, keine Waffen in Kriegsgebiete zu liefern. Habecks Position war zu diesem Zeitpunkt auch in der deutschen Bevölkerung höchst unpopulär, obwohl die USA in begrenztem Umfang bereits anfingen, die ukrainischen Streitkräfte auszurüsten; die Grünen fürchteten um ihre Wahlchancen. Aber wo machen Waffen überhaupt Sinn, wenn nicht in Krisen- und Kriegsgebieten? Vor dieser Realität hat die deutsche Politik jahrzehntelang die Augen verschlossen. Das dahinterliegende Motiv ist das deutsche Grundproblem mit militärischer Macht. Solange man über das Minsker Friedensabkommen, also auf diplomatischem Weg, in dem Konflikt zwischen Russen und Ukrainern im Donbas vermitteln konnte, waren die Deutschen in ihrem Element, auch wenn die Vereinbarung eine Totgeburt war. Diplomatie und militärische Macht werden bei uns gedanklich voneinander getrennt. Militärische Macht ist demzufolge die Ultima Ratio, das letzte Mittel, wenn alles andere gescheitert ist, kein extremes Mittel im diplomatischen Werkzeugkasten, mit dem man drohen kann, um diplomatischen Initiativen den Weg zu ebnen. Jeder amerikanische Präsident, französische Präsident oder britische Premierminister sagt in schwierigen Verhandlungen mit einem Gegner den berühmten Satz: Alle Optionen liegen auf dem Tisch. Damit droht er implizit mit dem Einsatz militärischer Macht, auch wenn er sie nicht einsetzen will, weil es ihm um die Erreichung eines diplomatischen Ziels geht. Dennoch lautet die Botschaft: Nehmt den diplomatischen Weg, die Alternative ist schlechter. Dieses Verständnis hatten wir Deutschen nie, sondern wollen über den Einsatz militärischer Macht gar nicht erst nachdenken, solange der diplomatische Instrumentenkasten noch nicht komplett erschöpft ist. Unbewusst hat Robert Habeck an diesem deutschen Tabu gerüttelt, aber seine Intuition war damals, vor dem 24. Februar 2022, richtig: Je stärker die ukrainischen Streitkräfte sind, um ihr Territorium zu verteidigen, desto größer ist auch die Wahrscheinlichkeit, dass sich die Russische Föderation auf Minsk II ernsthaft einlassen wird. Militärische und diplomatische Logik sind eng miteinander verzahnt, aber das wurde in Deutschland gerne ignoriert.

Allerdings hat Deutschland es auch nicht bloß mit diplomatischen Gesprächsrunden versucht. Angela Merkel hat nach der Annexion der Krim auf europäischer Ebene Sanktionen gegen Russland durchgesetzt, gegen Widerstände des Koalitionspartners SPD, aber auch anderer EU-Staaten. Ist es nicht ein bisschen unfair, wenn der deutschen Politik jetzt teilweise vorgeworfen wird, den russischen Angriff mit ermöglicht zu haben?
Es ist das Verdienst von Angela Merkel, die Sanktionen gegen Russland auf europäischer Ebene immer wieder erneuert zu haben, obwohl andere europäische Staaten auf ihre Aufhebung oder Lockerung drängten, weil ihnen die Geschäfte mit Russland so wichtig waren. Das falsche Signal kam dann aber 2015 ausgerechnet aus Berlin, als die Bundesregierung den Start des Projekts Nord Stream 2 zuließ. Dadurch hat sie den Aggressor – Putins Russland – mit Spezialgeschäften belohnt und ihre Sank-

tionspolitik ad absurdum geführt. Die Frage war ja schon vorher: Könnte Russland Nord Stream 2 nutzen, um die Ukraine zu umgehen, wenn es kriegerische Absichten gegen das Nachbarland hegt und seine Gaseinnahmen gleichzeitig nicht gefährden will? Zwar hatten die Deutschen mit Russland verabredet, dass eine garantierte Menge an Gas trotz Nord Stream 2 weiter durch die Ukraine fließt – aber was ist eine solche Verabredung schon wert, nachdem Russland die Krim annektiert hat? Fakt ist: Wir haben durch die Genehmigung dieses vermeintlich «privatwirtschaftlichen Projekts» das Signal ausgesendet, dass ein Völkerrechtsbruch, die gewaltsame Verschiebung territorialer Grenzen, kein Hinderungsgrund ist, den Aggressor als normalen Partner in wirtschaftlichen Beziehungen zu behandeln. Das war nicht nur das falsche Signal an die Ukraine, die baltischen Staaten und Polen, sondern auch an die Russische Föderation. Die Annexion der Krim war für uns eine Art Fait accompli. Und trotz des Krieges, den Russland im Donbas weitergeführt hat, sind wir schnell wieder dazu übergegangen, unsere Beziehungen zu Russland zu normalisieren. Einerseits Sanktionen, andererseits Normalisierung, da stimmt etwas nicht, und das konnte man in Moskau als ermunterndes Zeichen der Schwäche verstehen.

Die Bundesregierung hat gehofft, Russland trotz dieses Völkerrechtsbruchs wieder einhegen zu können.

Die große Illusion der deutschen Politik nach der Wiedervereinigung bestand darin, man könne durch enge wirtschaftliche Kooperation, durch die Schaffung von Interdependenzen, also von gegenseitigen Abhängigkeiten, politischen Einfluss auf die andere Seite ausüben: Wandel durch Verflechtung, wie es bei Frank-Walter Steinmeier hieß, als er noch Außenminister war. Die Logik im Umgang mit Putins Russland war immer: Wir brauchen das Gas, aber die Russen wollen es auch verkaufen, also werden sie es nicht als politische Waffe einsetzen. Denn wenn sie es als politische Waffe einsetzen, machen sie Verluste. In der Natur der Sache liegt doch eher, dass die Russen sich durch die Kooperation langfristig mäßigen – so die Idee.

Die Amerikaner sind im Umgang mit China lange Zeit ähnlich verfahren. Die Vorstellung der Clinton-Administration war, China durch die Integration in die Weltwirtschaft zu «zivilisieren» – und wir haben auch noch Vorteile dadurch, so das Argument, weil der chinesische Markt für uns geöffnet wird. Der Autoritarismus wird sich schon auf lange Sicht verflüchtigen, je stärker die Chinesen in die Strukturen der Weltwirtschaft integriert werden. Je größer die Abhängigkeiten zwischen China und anderen Märkten, desto verlässlicher wird auch die chinesische Außenpolitik. Irgendwann haben die Amerikaner erkannt, dass das ein Wunschtraum ist. Die Chinesen nehmen alle Vorteile, die sie durch die Integration in die Weltwirtschaft haben, und treten nach außen immer aggressiver auf. Seit der Präsidentschaft Obamas sind die USA folglich auf den Kurs umgeschwenkt, den Aufstieg Chinas hinauszuzögern und bestenfalls aufzuhalten.

Aber hätte diese Strategie unter anderen Umständen nicht auch erfolgreich sein können? Oder anders gefragt: Ist wirklich die Grundidee falsch, oder krankte sie nicht vielmehr an einer Fehleinschätzung des Gegenübers? Lag der Fehler nicht eher darin, Putin und seinen Getreuen falsche Motive zu unterstellen und die Entwicklung der russischen Politik zu lange auszublenden?
Der Hauptfehler war – und er verweist gewissermaßen auf einen weiteren Aspekt der Blindheit gegenüber militärischer Macht –, Worst-Case-Szenarien zu verdrängen, statt sie durchzuspielen und sich darauf vorzubereiten. Man kann durchaus argumentieren, dass der Ausbau der Kooperation mit Russland in den Nullerjahren, nach dem Ende der chaotischen Jelzin-Jahre, politisch klug war. Aber was die deutsche Politik parteiübergreifend

ignoriert hat, ist die Frage: Was passiert, wenn diese Strategie wegen der Unzuverlässigkeit der anderen Seite scheitert? Welchen Plan B haben wir in der Tasche? Um Alfons Mais zu variieren: Am 24. Februar 2022 waren wir nicht nur militärisch, sondern auch politisch blank. Die Außenpolitik der Bundesrepublik Deutschland war in dieser Hinsicht schon einmal klüger, auch und vor allem die der Sozialdemokraten. Selbst der Friedenskanzler Brandt, der mit Moskau und Warschau Verträge schloss, hat seine neue Ostpolitik immer an die Voraussetzung eigener militärischer Stärke geknüpft – nicht erst der Raketenkanzler Schmidt. Man wusste, dass eine Entspannung der deutsch-deutschen Beziehungen nur über eine Annäherung an Moskau zu erreichen war; aber Brandt und Bahr haben in ihre Kalkulationen ein mögliches Scheitern ihres Politikansatzes einbezogen. Folglich lag der Verteidigungshaushalt unter Brandt auf einem konstant hohen Niveau – ein Faktum, das in sozialdemokratischen Kreisen später gerne verdrängt wurde. Unter dem Friedenskanzler Brandt lautete die Devise noch: Verhandlungen mit Moskau sind zwar der richtige Weg, aber nur aus einer Position eigener Stärke heraus, sonst wird man vom mächtigen Gegenüber schamlos ausgenutzt. Dieser Grundsatz wurde nach der Wiedervereinigung vergessen. Man hat dann ausschließlich auf Handel und Diplomatie gesetzt, ohne zu überlegen, was passiert, wenn das Ganze scheitert. Am 24. Februar 2022 lag die deutsche Russlandpolitik schließlich in Trümmern, wir hatten keine Alternative zu russischem Gas. Die verstärkte Energiepartnerschaft mit Russland war zwar ökonomisch im Prinzip richtig – wenn auch keineswegs in dieser Einseitigkeit –, aber sie ist uns als Abhängigkeit auch deshalb auf die Füße gefallen, weil wir uns in keiner Sekunde um die Abschreckung eines immer aggressiver auftretenden Regimes gekümmert haben. Im Gegenteil: Wir haben die Warnungen vor Putin und seinen Schergen in den Wind geschlagen, als diese schon keine Scham mehr kannten, russische

Oppositionelle auf dem Boden europäischer Staaten umzubringen, auch hier in Deutschland. Dass die Deutschen nach dem Tiergartenmord immer noch argumentiert haben, Nord Stream 2 sei ein rein privatwirtschaftliches Projekt, war absurd. Die Deutschen und die Europäer dürfen den Fehler, der ihnen bei der Einschätzung von Gazprom und Rosneft unterlaufen ist, bei chinesischen Riesen wie Huawei nicht wiederholen. In solchen Staaten handeln international agierende Großkonzerne nie rein privatwirtschaftlich. Wenn die Oligarchen bei Putin nicht gespurt haben, kam am nächsten Tag die Steuerfahndung, und drei Wochen später saßen sie für 30 Jahre im Straflager, wenn sie Glück hatten. Die Konzernspitzen wurden anschließend mit Vertrauten besetzt.

Was wäre aus Ihrer Sicht denn ein strategischer Plan B gewesen, wenn die energiepolitische Verflechtung mit Russland gar nicht per se das Problem gewesen ist?
Strategisch sollte man immer davon ausgehen, dass nicht die optimistische, sondern die pessimistische Annahme eintritt. Ab 2014 hätte sich die Bundesregierung auf das Worst-Case-Szenario vorbereiten, d. h. andere Bezugsquellen für den Brückenenergieträger Gas auftun und energisch ihre Nato-Verpflichtungen erfüllen müssen. Stattdessen hat Berlin durch die sträfliche Vernachlässigung der Bundeswehr und seine einseitige Fokussierung auf die Strategie «Wandel durch Verflechtung» in Moskau den berechtigten Eindruck verstärkt, für eines der wichtigsten Nato-Länder sei der Kursschwenk des westlichen Militärbündnisses von den Auslandseinsätzen hin zur Landes- und Bündnisverteidigung ein bloßes Lippenbekenntnis. Außerdem hätte Deutschland die ukrainischen Streitkräfte früher besser ausrüsten können, siehe Habecks Vorstoß im Donbas.

Aber wenn man sich in die Situation der Entscheider in dieser Zeit zurückversetzt: Hing nicht alles von der Einschätzung der Frage ab, was Putin antreibt? Geht es ihm um Sicherheitsinteressen und infolgedessen eine Verhinderung des Beitritts der Ukraine zur Nato – oder will er den ukrainischen Staat zerschlagen, ja die Ukraine als eigenständige Nation auf lange Sicht vernichten? Viele Beobachter gingen von ersterem Szenario aus. Und wenn man dazu bedenkt, dass es eigentlich keine reinen Defensivwaffen gibt – was Sie selbst gesagt haben: Wären Waffenlieferungen in diesem Szenario nicht sogar riskant gewesen, weil sie eine Eskalation der vermeintlich begrenzten Auseinandersetzung im Donbas hätten zur Folge haben können?

Natürlich hätte diese Gefahr bestanden. Dennoch: Als Robert Habeck dort war, gab es schon genügend Anzeichen dafür, dass Putins Verhalten nicht von einer Sicherheitslogik, sondern von einer neoimperialen Logik bestimmt ist. Darin waren sich führende Russlandexperten und -expertinnen einig. Im Sommer 2021, kurz nach Habecks Besuch im Donbas, hat Putin dann der Ukraine in einem Aufsatz das Existenzrecht abgesprochen. Diese expliziten Hinweise auf Putins Agenda hat man geflissentlich ignoriert. Ich nehme mich davon keineswegs aus. Lange Zeit bin ich selbst davon ausgegangen, dass Russland «nur» seine Sicherheitsinteressen verfolgt, und musste mich spät eines Besseren belehren lassen. Die Fachleute und Russlandkorrespondenten überregionaler Medien waren weitsichtiger, wurden von der Politik aber ignoriert. Man kann es vielleicht so ausdrücken: Die Politik sollte sich in ihren strategischen Erwägungen immer von der passenden Expertise leiten lassen, das waren in diesem Fall die Russlandexperten in Wissenschaft und Presse. Viele Politiker und Politikerinnen haben offenbar geglaubt, sie wüssten es besser, weil sie Putin ja persönlich kannten. Doch der Geheimdienstler Putin ist offensichtlich auch ein sehr guter Schauspieler. Man hätte die Logik, die Putins Verhalten zugrunde liegt, früher erkennen können. Man wollte sie nicht erkennen, weil es einen dazu gezwungen hätte, die eigene Logik zu ändern und den Zusammenhang zwischen militärischer Macht und Diplomatie viel enger zu sehen. Dies widersprach unserem Selbstverständnis und unserer Tradition.

Aber blicken wir jetzt dennoch einmal auf die Zeit nach dem 24. Februar 2022. Der Bundeskanzler ist ja teilweise sehr scharf kritisiert worden, aus dem Ausland ebenso wie aus dem Inland, weil er sich nicht schnell genug zu umfangreichen Waffenlieferungen an die Ukraine entschlossen hat. «Deutschland hat leider gerade versagt», stellte etwa Marie-Agnes Strack-Zimmermann im* heute journal *fest, als im Januar 2023 in Ramstein das deutsche Ja zu Lieferungen von Leopard-Panzern zunächst ausblieb. Sie jedoch stellen Olaf Scholz ein vergleichsweise mildes Zeugnis aus, obgleich Sie sonst, beispielsweise auf Twitter, nicht vor klaren Worten zurückscheuen. Warum?
Ich sage es noch mal: Das Handeln des Bundeskanzlers nach dem russischen Einmarsch war aus meiner Sicht besser als sein Ruf. Für die Bundesregierung – wie auch für alle anderen Regierungen, die der Ukraine Unterstützung zukommen ließen – war die Frage der Waffenlieferungen eine Art Operation am offenen Herzen. Putin hat früh mit dem Einsatz von Nuklearwaffen gedroht, als er die russischen Atomstreitkräfte am Tag der Zeitenwende-Rede von Olaf Scholz in Alarmbereitschaft versetzte. Das war eine für die Regierenden der Nato-Staaten völlig neue Situation. In den letzten 30 Jahren haben sie zwar in verschiedenen zwischenstaatlichen Konflikten interveniert, aber nie gegen eine Nuklearmacht, die einen dann auch sofort und immer wieder daran erinnert, dass sie eine solche ist. Es ist schwierig und braucht Zeit, einen solchen Gegenüber zu lesen und zu verinnerlichen, dass der Einsatz von Nuklearwaffen selbst dann

für ihn keine Option ist, wenn seinem Gegner Panzer geliefert werden. Diese Situation sollten sich alle vergegenwärtigen, die hier allzu scharfe Kritik üben. Wenn man keine politische Verantwortung trägt, tut man sich leichter mit radikalen Vorschlägen. Aber wenn ich mir vorstelle, ich wäre Kanzler, und das war ja die Ausgangsfrage, dann hätte ich auch Respekt vor der Unübersichtlichkeit der Situation und den unvorstellbaren Folgen, die sich aus einer Fehlkalkulation ergeben könnten.

Kritischer sehe ich einen anderen Punkt: Offenbar hat die Bundesregierung zunächst noch gehofft, den Weg zu einer diplomatischen Lösung des Konflikts zu ebnen, indem sie die Ukraine nicht zu stark unterstützt. Dahinter verbarg sich die falsche Annahme, die Russen hätten sich in eine Situation gebracht, aus der sie wieder herauskommen wollen und können, wenn man sich ihnen gegenüber nur geschickt genug verhält und ihnen etwas anbietet. Im Grunde hat man da die Fehleinschätzung Putins aus der Zeit vor dem 24. Februar 2022 fortgeführt, nach der dieser ein Akteur sei, den man einhegen kann. Pointiert formuliert: Die Deutschen haben vielleicht mehr als andere auf ein Minsk 3 gehofft.

Existiert diese Hoffnung noch immer?

Spätestens mit der Lieferung schwerer Waffen an die Ukraine hat man diese Hoffnung aufgegeben – und mit ihr die alten deutschen Überzeugungen. Darunter verstehe ich ein Konzept von Diplomatie, das dem Gegner grundsätzlich erst einmal unterstellt, er sei an einer politischen Lösung des Konflikts interessiert, und damit den Zusammenhang zwischen militärischer und politischer bzw. diplomatischer Macht negiert. Demgegenüber hat sich mittlerweile die Überzeugung durchgesetzt: Das Schlachtfeld bestimmt die Optionen am Verhandlungstisch.

Man konnte den Eindruck gewinnen, dass manche Teile der Ampelkoalition davon mehr und schneller überzeugt waren als andere.

Die Grünen haben diese Logik eigentlich durch die Bank schnell begriffen. Bei der FDP bin ich mir da schon nicht mehr so sicher, abgesehen von einer prononcierten Verteidigungspolitikerin wie der von Ihnen erwähnten Marie-Agnes Strack-Zimmermann oder einem prononcierten Außenpolitiker wie Alexander Graf Lambsdorff; beide ließ man seitens der Parteispitze öffentlich jedoch eher gewähren, als dass man sie energisch unterstützt hätte. Die SPD war wahrscheinlich am tiefsten gespalten. Parteichef Klingbeil hat die Zeichen der Zeit schnell erkannt, stieß parteiintern aber auf teils erhebliche Widerstände, die mit den ehernen Grundsätzen der SPD als Friedenspartei zusammenhängen. Bundeskanzler Scholz musste die Operation am offenen Herzen durchführen und hat dabei zögerlicher agiert, als manche Grüne und Liberale es sich von ihm erhofft haben. Für sein Auf-Sicht-Fahren habe ich rückblickend viel Verständnis. Er hat zu Recht von Beginn an gesagt, dass der politische und militärische Umgang mit der russischen Aggression immer wieder neu überprüft werden müsse und sich der jeweiligen Situation anpassen werde. Und das hat er dann ja auch gemacht. Allerdings hätte er auch in seiner eigenen Logik früher Spielraum für ein beherzteres Vorgehen bei den Waffenlieferungen gehabt.

Inwiefern?

Die Lieferung von Panzern hätte viel früher entschieden werden müssen. Spätestens als Putin im September 2022 die Teilmobilmachung verkündete und die vier ukrainischen Provinzen annektierte, war klar, dass es kein Minsk 3 geben würde, dass Putin die Brücken hinter sich abgebrochen hatte. Und zu diesem Zeitpunkt verfügte der Bundeskanzler bereits über ein sehr viel klareres Bild, wie Russland auf die Lieferung von schweren Waffen reagieren würde. Als im Juni 2022 die ersten Panzerhaubitzen und Mehrfachraketenwerfer in die Ukraine kamen, hat Moskau zwar protestiert, aber nichts getan. Aus einer rein taktischen Sicht wäre dies der Zeitpunkt gewesen, an dem die Russische Föderation eine Nuklearwaffe hätte einsetzen können, um die Diskussion über schwere Waffen in unseren Gesellschaften mit aller Gewalt abzubrechen. Bis dahin wurden – auch wenn die begriffliche Unterscheidung nur in Grenzen hilfreich ist – eher leichte als schwere Waffen geliefert. Mit Systemen wie Himars- oder Mars-II-Raketenwerfern waren die Ukrainer fortan in der Lage, Ziele hinter den russischen Linien zu zerstören. Diese Waffen haben im Verbund mit der Panzerhaubitze 2000 entscheidend zum Erfolg der ersten Offensive der Ukrainer im Herbst 2022 beigetragen. Nachdem klar war, dass die Russen daraufhin nicht gegen die liefernden Staaten vorgingen, wie sie es im Vorfeld angedroht hatten, hätte man – wie es im Poker heißt – All-In gehen müssen ohne die Angst, dass der Krieg nuklear eskaliert. Dennoch dauerte es noch Monate, bis sich der Westen zu Panzerlieferungen durchrang. Da ist wertvolle Zeit verloren worden.

Wie erklären Sie sich dieses Zögern?

Dahinter steht ein mangelhaftes Verständnis von Strategie. Wenn die Russen drohen, halten wir inne. Strategie ist aber ein dynamischer Dialog mit dem Gegner, in dem ausgetestet wird, wie weit man gehen kann. Wir aber haben die roten Linien der Russen lange Zeit akzeptiert und unsere Politik statisch an ihnen ausgerichtet, anstatt sie zu verschieben und abzuwarten, wie sie darauf reagieren. Bis heute lassen wir den Russen freie Hand in der Ukraine – nicht zuletzt, indem wir uns selbst rote Linien setzen und diese fast täglich kommunizieren: Wir werden keine Bodentruppen einsetzen, Nato-Truppen werden nicht aktiv in die Kämpfe eingreifen.

Doch dadurch lassen wir den Russen freie Hand in ihrer Operationsführung in der Ukraine. Ein Beispiel: Sie nehmen das halbe Land unter Raketenbeschuss und terrorisieren Zivilisten. Warum haben die wichtigen Nato-Mitgliedstaaten die Frage nach der Lieferung von Kurzstreckenraketen nicht schon früher gestellt und mit offenem Ausgang diskutiert? Das wäre ein strategisches Signal an die russische Seite gewesen: Wenn ihr diesen Terror gegen die Zivilbevölkerung fortsetzt, sind wir dazu bereit, den Ukrainern Waffen zu liefern, mit denen sie auch russisches Territorium erreichen können.

Man könnte es auch anders sehen: Die Bundesregierung fährt eine Niedrig-Risiko-Strategie, während die dynamischere Strategie, die Sie vorschlagen, größere Risiken beinhaltet. Wo Dynamik ins Spiel kommt, kann auch mal etwas aus dem Ruder laufen. Die Lieferung von Raketen ist zwar riskant, aber noch kontrollierbar. Wenn wir aber z. B. die Möglichkeit kommunizieren würden, eigene Bodentruppen zu entsenden, sobald ein weiteres Butscha passiert, hätten wir am Ende vielleicht ein Problem, weil wir etwas androhen, was wir dann eventuell gar nicht machen würden. Obama hat im Syrienkrieg eine rote Linie gezogen – den Einsatz von Giftgas durch Assads Truppen –, ohne dass nach deren Überschreitung militärisch etwas passiert wäre. Die amerikanische Außenpolitik hat dadurch massiv an Glaubwürdigkeit verloren.

Ich würde dem nicht widersprechen. Es gibt unterhalb der Schwelle des direkten Eingreifens von Nato-Mitgliedstaaten aber noch eine Reihe von Waffensystemen, die wir den Ukrainern liefern und folglich als Drohpotenzial gegen die Russen einsetzen könnten. Wir müssen selbst dazu bereit sein, den Russen rote Linien zu kommunizieren. Und zwar nicht nur die, die unser eigenes Verhalten betreffen, sondern auch solche, die wir Putin setzen. Eine Niedrig-Risiko-Strategie ist diesem Konflikt nicht angemessen, und man kann überdies argumentieren: In der Vergangenheit hat sich gezeigt, dass Putin nur eine Sprache versteht, und zwar wenn man Russland mit harten Bandagen angeht. Die Türken haben einen russischen Kampfjet, der sich an der Grenze zu Syrien 40 Sekunden lang über türkischem Luftraum befunden hat, abgeschossen, und damals haben alle den Atem angehalten. Aber es ist nichts passiert, im Gegenteil: Die Russen haben dieses Signal verstanden und den türkischen Luftraum seither nie wieder verletzt. Manchmal ist die Sprache der Macht die einzige Sprache, die der Gegner versteht. Im Ukrainekrieg ist es bis heute ein Kardinalfehler, dass wir den Russen sehr offen kommuniziert haben, wozu wir nicht bereit sind. Unsere eigenen Optionen notfalls auch durch öffentliches Schweigen offenzuhalten, wäre die bessere Strategie gewesen.

Gibt es da vielleicht auch das Problem, dass sich innerhalb der Nato 30 Staaten mit unterschiedlichen Interessen in einem schwierigen Prozess abstimmen müssen?
Die Amerikaner verfügen über die ATACMS (Army Tactical Missile System), also ballistische Kurzstreckenraketen aus eigener Produktion mit einer Reichweite bis zu 300 Kilometern. Ob und wann sie diese an die Ukraine liefern, entscheiden die USA selbst, ohne sich vorher abstimmen zu müssen. Die Nato ist bei dieser Frage außen vor, weil die Frage der Waffenlieferungen in einer eigenen Konferenz in Ramstein koordiniert wird. An dieser von den Amerikanern aufgesetzten Konferenz nehmen ca. 50 Staaten teil; so viele Mitglieder hat die Nato gar nicht. Aber unabhängig von dieser Konferenz entscheidet jeder Staat am Ende selbst, welche Waffen er liefert. Dabei muss man darauf hinweisen, dass es für die Nuklearmächte (Frankreich, Großbritannien und die USA) sicherlich einfacher ist, bei der Frage der Lieferung von neuen Waffensystemen schneller voranzuschreiten, als dies bei Nichtnuklearstaaten der Fall ist. Denn

Letztere wären einer möglichen nuklearen Reaktion seitens der Russischen Föderation schutzlos ausgeliefert und müssten darauf vertrauen, dass sie von den Nuklearmächten des Ramstein-Formates gegebenenfalls auch unter Einsatz von Nuklearwaffen verteidigt werden.

Der Bundeskanzler hat immer betont, man stimme sich in der Frage der Waffenlieferungen stets mit den Amerikanern ab und mache keine Alleingänge. Dass dieses Argument im Grunde nur vorgeschoben sei, wurde den Deutschen insbesondere von polnischer Seite vorgeworfen. Lange Zeit haben aber auch die Amerikaner keine Schützen- und Kampfpanzer geliefert. Insofern stellt sich die Frage: Gibt es doch eine engmaschige Abstimmung zwischen Berlin und Washington? Sagt der Bundeskanzler mit Blick auf die Waffenlieferungen die Wahrheit? Ist die vielkritisierte Haltung von Olaf Scholz vielleicht auch die Haltung von Joe Biden?

Natürlich hat man sich eng koordiniert. Dieser Satz der Parlamentarischen Staatssekretärin im Verteidigungsministerium Siemtje Möller, dass es eine Art Vereinbarung in der Nato gebe, keine Kampfpanzer oder Schützenpanzer westlichen Typs zu liefern, hat damals für großes Aufsehen gesorgt, weil die Nato das nicht bestätigte. Aber wenn man sich vergegenwärtigt, wie synchron die großen Nato-Staaten bestimmte Waffensysteme geliefert haben, dann ist davon auszugehen, dass es zumindest ein informelles «Gentlemen's Agreement» gegeben haben muss, als einzelner Staat nicht einfach voranzupreschen. Davon gehe ich aus.

Bei der Frage der Panzerlieferungen war die Bundesregierung sehr darauf bedacht, die USA an Bord zu haben. Dabei ging es gar nicht darum, wie schnell ein System wie der Abrams-Panzer verfügbar ist. Aus der Perspektive der Amerikaner ist die Lieferung der Abrams zweifellos eine logistische Herausforderung.

Und sicherlich schwingt auch die Befürchtung mit, dass der amerikanische Panzer den Russen in die Hände fallen könnte und somit ein technologischer Vorteil, den die US-Panzer gegenüber den russischen Modellen haben, zunichtegemacht werden würde. Es ging Scholz aber um das Signal, dass sich die Amerikaner mit der Lieferung der Abrams beteiligen, obwohl sie erst ein paar Monate später eintreffen als die Leopard-Panzer. Diese vordergründig kleinkariert wirkende Bedingung des Bundeskanzlers ist auf das jahrzehntealte Nato-Dilemma zurückzuführen. Es begleitet die Bundesrepublik seit ihrem Nato-Beitritt: Wie schafft man eine Situation, in der die Amerikaner derart stark ins Geschehen involviert sind, dass sie sich in jedem Fall an einem Gegenschlag beteiligen, wenn die Russische Föderation den Krieg eskaliert? Schon de Gaulle hat gegenüber Adenauer bezweifelt, dass die Amerikaner bereit sind, die Vernichtung von New York für die Befreiung von Hamburg zu riskieren. Und objektiv stellt sich diese Frage ja heute wieder: Warum sollten die Amerikaner dazu bereit sein, wenn Putin den Krieg auf ein Nato-Mitglied ausweitet und nuklear eskaliert? Es geht dann auch nicht nur darum, dass sich die USA an einer Gegenreaktion beteiligen, sondern dass sie dabei auch die Führung übernehmen. Wie lässt sich ein solches Szenario sicherstellen? Indem man Waffen synchron mit den Amerikanern liefert. Das ist Scholz' Logik, und sie hat ihren Wert. Allen, die sich hier auf Artikel 5 des Nato-Vertrags verlassen, muss man entgegenhalten: Vertragliche Bestimmungen müssen materiell bzw. militärisch unterfüttert werden, so dass im Falle eines Konflikts auch wirklich die führende Macht bei der Gegenreaktion mit an Bord ist, ansonsten bleiben sie unglaubwürdig.

Dennoch haben insbesondere die Polen und die baltischen Staaten ein Vorpreschen der Deutschen gerade mit Blick auf die Panzerlieferungen gefordert. Scholz wurde für seine Haltung

aus diesen Ländern hart angegangen. Wie erklären Sie diese starke Kritik aus Ostmitteleuropa an den Deutschen?

Dabei spielen zwei Faktoren eine Rolle. Der eine hat etwas mit der Vergangenheit zu tun, nämlich der Unterstellung, dass die Deutschen, wenn es hart auf hart kommt, eher an einem Ausgleich mit Moskau interessiert sind als an den Bedürfnissen der Staaten, die zwischen Moskau und der Bundesrepublik Deutschland liegen. Diese Angst ist nachvollziehbar, weil die Mittel- und Osteuropäer und die baltischen Staaten gerade aus der Bundesrepublik Deutschland in den letzten 25 Jahren oft als hysterisch abgekanzelt wurden, wenn sie – auch mit Blick auf die europäische Energieversorgung – auf die drohende Gefahr einer russischen Expansion hingewiesen haben. Die Sorge, zwischen Berlin und Moskau politisch aufgerieben zu werden, ist historisch nicht unberechtigt; es gibt gute Gründe, dass Mittel- und Osteuropäer sowie die Balten sehr misstrauisch sind. Der zweite Punkt bezieht sich auf die geopolitische Realität. Ein russischer Sieg in der Ukraine hätte für die baltischen Staaten und Polen weitaus heftigere Konsequenzen als für die Bundesrepublik Deutschland. Die europäische Sicherheit würde dadurch zwar generell geschwächt, aber in erster Linie wären Balten und Polen die Leidtragenden eines solchen Ergebnisses – nach den Ukrainern natürlich. Und aus dieser geostrategischen Lage heraus sind sie heute bereit, wesentlich härter und massiver vorzugehen als die Staaten, die weiter westlich liegen. Das erklärt ja zum Beispiel auch die Zögerlichkeit der Italiener, Spanier und Portugiesen, die noch viel zurückhaltender waren als die Deutschen.

Etwas provokativ gefragt: Ist Deutschland gerade auch aus den von Ihnen genannten historischen Gründen das beste Einfallstor für Polen, Balten und Ukrainer, die Unterstützung für die Ukraine innerhalb der Nato strategisch auszuweiten? Man stellt das vermeintlich in einem moralischen Dilemma zwi-

schen Moskau und dem Westen befindliche Deutschland als zögerlich und zaudernd dar, um sein Vorpreschen zu provozieren, so dass sich die Haltung der ganzen Nato ändert?

Das könnte ein Motiv gewesen sein. Man schreibt Deutschland wegen seiner Politik der vergangenen 25 Jahre in Polen, im Baltikum und in der Ukraine in jedem Fall eine besondere moralische Verpflichtung zu, die Ukraine zu verteidigen. Und das auch zu Recht. Diese moralische Karte ist heute allerdings ausgereizt: Deutschland hat mittlerweile massiv geliefert und ist nach den USA der zweitgrößte militärische Unterstützer der Ukraine. Der ehemalige ukrainische Botschafter in Berlin Andrij Melnyk hat in einem denkwürdigen *ZEIT*-Interview seinen Nachfolger Oleksii Makeiev dafür kritisiert, sich für die Lieferung der 18 Kampfpanzer Leopard 2 A6 bedankt und nicht noch mehr gefordert zu haben. Allerdings war die Bundesregierung da längst dabei, die einstmals an Katar verkauften Geparden zurückzuholen, um sie in die Ukraine zu liefern. Es ist schlichtweg nicht mehr angemessen, den Eindruck zu erwecken, Deutschland unterstütze die Ukraine nur widerwillig.

Auch die Polen lassen keine Gelegenheit aus, die Deutschen als zögerlichen Zaunkönig vorzuführen. Erinnern wir uns nur an den Vorfall, als zwei ukrainische Abwehrraketen versehentlich auf polnischem Territorium landeten. Im Anschluss bot die Bundesregierung den Polen an, ein Patriot-System an die polnisch-ukrainische Grenze zu verlegen. Diese geheime Vereinbarung wurde zunächst von der polnischen Seite geleakt, und in dem Moment, als der Deal so gut wie unterschriftsreif war, sind die Polen unter Verweis auf ihre eigentlich ausreichende Luftabwehr davon wieder abgerückt und haben gefordert, das System an die Ukraine zu liefern. Patriot-Systeme für die Ukraine waren zu dem Zeitpunkt noch kein Thema. Auch bei der Frage der Instandsetzung von Panzern in Polen zeigte sich, dass Polen nicht immer an einer für die Ukraine besten Lösung interessiert ist. Die Preise, die das polnische Unternehmen PGZ von der Bundesrepublik für die sogenannte Erstbefundung verlangte, lagen um das Achtfache höher als der Standard in Deutschland (100 000 statt 12 000 Euro). Was ich sagen will: In diesen Ländern lohnt es sich auch innenpolitisch, die Deutschen vorzuführen – insbesondere in einem Wahlkampfjahr.

Boris Pistorius ist als neuer Verteidigungsminister einen Tag nach Amtsantritt Ende Januar 2023 nach Ramstein gereist, um sich in Bezug auf die Panzerlieferungen mit den Verbündeten abzustimmen, und hat bei der anschließenden Pressekonferenz gesagt: «Der Eindruck, der gelegentlich entstanden ist, es gebe eine geschlossene Koalition und Deutschland stehe im Weg, dieser Eindruck ist falsch.» Dafür ist er in den Medien geradezu verlacht worden als jemand, der den großen Zauderer Olaf Scholz schützt. Allerdings gab er damals nur zu Protokoll, was in Ramstein tatsächlich der Fall war. Als Deutschland sich kurz darauf zur Lieferung von Leopard-Panzern entschloss, zogen die anderen nicht mit, und die ganze Erzählung von den als einzigen zögerlichen Deutschen fiel wie ein Kartenhaus in sich zusammen. Wie erklären Sie sich, dass hierzulande viele Journalisten so einseitig negativ über die Haltung der Bundesregierung berichtet haben?

Öffentlich konnte man vor dieser Ramstein-Konferenz zehn bis zwölf Staaten identifizieren, die angeblich bereit gewesen wären, Kampfpanzer in die Ukraine zu liefern. Meiner Information nach gab es tatsächlich nur einen Staat, der diese Position in Ramstein hinter verschlossenen Türen beibehielt, und das war Polen. Journalisten müssen sich zunächst auf offizielle Verlautbarungen stützen, und diese zeigten im vorliegenden Fall für mehrere Staaten die Lieferbereitschaft. Ob das Ganze ein abgekartetes Spiel war, um die Deutschen vor sich herzutreiben, weiß natürlich keiner; allerdings spricht einiges dafür, dass sich die Journalisten vor den Karren haben spannen lassen. Denn durch ihre Berichterstattung entstand großer Druck auf die Bundesregierung. Und mit der polnischen Bereitschaft zur Lieferung von Kampfpanzern ist es so eine Sache: Die Polen müssen vor der Ausfuhr eine Re-Exportgenehmigung an die Bundesregierung stellen, und die haben sie damals nicht gestellt. Warum nicht, wenn sie wirklich bereit waren, in der Panzerfrage vorzupreschen? Bei der Lieferung seiner MIG-29-Kampfjets an die Ukraine hat Polen ab April 2023 dann auch wirklich ernst gemacht und die entsprechenden Re-Exportgenehmigungen zügig eingeholt. Bei den Panzern haben die Polen die Bundesregierung zuvor gar nicht erst um Erlaubnis gebeten. Da war also sehr viel Show dabei, um den Druck zu erhöhen. Gleichzeitig wollte Olaf Scholz die Amerikaner an Bord haben, die sich der Lieferung in Ramstein aber vorerst verweigerten. Am Ende hat er sie dazu bekommen, die Abrams zu liefern, aus der Logik, die ich eben geschildert habe. Nur ändert das nichts daran, dass die groß angekündigte Panzerallianz ein ebenso großes PR-Debakel war.

Überhaupt muss man konstatieren, dass die Kommunikation der Bundesregierung seit dem 24. Februar 2022 grottenschlecht war, und zwar nicht nur im Umgang mit unseren osteuropäischen Partnern, sondern gerade auch innenpolitisch. Das ist vielleicht der Bereich, in dem am meisten Fehler gemacht wurden. Da wurden teilweise an einem Tag drei verschiedene Versionen verkündet, warum ein System nicht geliefert werden kann, und eine war fragwürdiger als die andere. Mal fehlte die Munition, mal war es die Logistik, dann brauchte man die Systeme selber, und überhaupt könnten die Ukrainer sie nicht bedienen. Da fehlte es einfach an Koordination, an klaren Vorgaben und manchmal schlicht auch an Wissen. Erinnern Sie sich nur an die Ausführungen der ehemaligen Verteidigungsministerin Christine Lambrecht im Deutschen Bundestag, die mit den Händen in der Luft herumfuchtelte, um anzuzeigen, dass sich die Rohre des Gepard-Flugabwehrpanzers nur eingeschränkt bewegen ließen, dieser also nur zur Luftabwehr geeignet sei – und jeder, der sich auskannte, wusste, dass das Rohr auch waagerecht gestellt werden kann und der Gepard genauso effektiv anrückende Einheiten bekämpfen kann. Und das ist nur ein Beispiel von vielen. Es war alles in allem eine katastrophale Kommunikation, und das hat natürlich auch das Misstrauen der Journalisten geweckt.

Die Kommunikation der Bundesregierung und mancher Ampelpolitiker erweckte in der Tat den Eindruck, man suche immer wieder neu nach überzeugenden Gründen, die gegen die Lieferung bestimmter Waffen sprachen, ohne sie jedoch recht zu finden. Woran lag das? Gab es Gründe, die man nicht benennen wollte? Wollte die Bundesregierung auf die Stimmung in der eigenen Bevölkerung Rücksicht nehmen, weil man Angst hatte, die Unterstützung für die Ukrainehilfe zu verlieren, wenn man zu schnell vorpreschte?

Das kann schon sein, aber wenn das so gewesen sein sollte, dann war es zumindest ein Stück weit unbegründet. Ich bin überzeugt, dass der Widerstand gegen Waffenlieferungen in Deutschland nie besonders groß war – und Widerstand ist etwas anderes als Skepsis. Darauf deuten zumindest alle Umfragen hin. Es handelt sich um eine kleine Gruppe an Gegnern, verglichen mit denen, die für Waffenlieferungen sind oder sich davon überzeugen lassen. Wie sehr die Gesellschaft die Entscheidung über die Lieferung von bestimmten schweren Waffensystemen mitträgt, hängt maßgeblich von der Qualität politischer Führung ab. Wenn man grundsätzlich die Entscheidung trifft, die Ukraine zu unterstützen, muss das Handeln in dieser Hinsicht konsequent bleiben und in der Sache begründet werden. Die deutsche Bevölkerung war zunächst gespalten, was die Frage der Lieferung von Kampfpanzern anbelangt. Eine zarte Mehrheit war dafür, aber sehr viele Menschen waren auch zurückhaltend oder sogar dagegen. Nachdem die Entscheidung gefällt wurde, standen zwei Drittel der Bevölkerung hinter der Bundesregierung. Das ist ein Ergebnis politischer Führung, die von den meisten Menschen erwartet wird, auch wenn sie mal skeptisch sind.

Bleiben wir noch einmal bei der Frage, ob es Gründe für die Haltung der Bundesregierung gab, die man öffentlich nicht benennen wollte. Denn die – durchaus mögliche – Alternative wäre ja, dass zumindest ein Stück weit und zumindest zeitweise auch schlicht Plan- und Orientierungslosigkeit geherrscht haben in der Frage der Lieferung von schweren Waffen. Könnte es auch sein, dass man bewusst nicht alle Möglichkeiten zur Unterstützung der Ukraine ausgeschöpft hat, obwohl die öffentliche Rhetorik eine andere war? Olaf Scholz hat zeitweise ganz bewusst davon gesprochen, dass die Ukraine «nicht verlieren» dürfe, und eben nicht gesagt, dass sie «gewinnen» müsse, wie es andere getan haben. Hatte und hat man vielleicht in Berlin und Washington die Sorge, Russland könnte den Krieg atomar eskalieren, wenn es in der Ukraine komplett zu verlieren droht oder wenn die Front rasch zusammenbricht? Und will man der Ukraine daher nicht die Mittel an die Hand geben, die eine solche Entwicklung wahrscheinlicher machen? Ein solches Kalkül wäre öffentlich nicht zu vermitteln, ohne ein kommunikatives Desaster zu erleiden.

In der Tat lief die Strategie anfangs lange Zeit darauf hinaus, die Ukrainer in die Lage zu versetzen, sich zu verteidigen, ohne der Russischen Föderation allzu großen Schaden zuzufügen. Dahinter stand die Überzeugung, dass es vielleicht gelingen kann, die Russen auf ihre Stellungen von vor der Invasion zurückzudrängen, also den Status quo ante wiederherzustellen, um auf dieser Grundlage Verhandlungen zu führen. Folglich haben wir versucht, die Ukraine dazu zu befähigen, nicht zu verlieren. Aber wir haben sie nicht dazu befähigt, zu gewinnen und das von den Russen annektierte Territorium zurückzugewinnen. Diese Strategie beruhte letztlich auf einer Fehleinschätzung Putins und seiner Absichten. Aber sie wurde ja auch modifiziert, als feststand, dass sie von unrealistischen Erwartungen ausging. Das hat zwar länger gedauert, als es nötig war, aber man hat dann der Ukraine Waffen geliefert, die sie braucht, um Territorium zurückzuerobern und den Krieg zu gewinnen, erst die Panzerhaubitzen und Mehrfachraketenwerfer, dann auch Schützen- und Kampfpanzer. Bei der Gegenoffensive im Sommer 2023 zeigte sich dann, dass es noch immer an Luftverteidigungssystemen im Nahbereich fehlt, mit denen mechanisierte Verbände gegen russische Stellungen und vor allem geschützt vor Angriffen der russischen Luftwaffe vorrücken können.

Ob man auch danach noch bewusst zurückhaltender war bei den Lieferungen, weil man Angst vor der atomaren Eskalation hatte, lässt sich schwer sagen. Es könnte die zeitweilige Zögerlichkeit bei der Lieferung von Kampfflugzeugen und Kurzstreckenraketen erklären. Aber da sind wir im Bereich der puren Spekulation. Zumindest bei den Panzern lässt sich dagegen einwenden, dass wir selber schlicht nicht genug Material haben. Wenn wir der Ukraine die von ihr benötigten Panzermengen liefern würden, damit ihre Armee die russische Frontlinie an einem neuralgischen Punkt nachhaltig durchbrechen kann, hätten wir selbst keine Panzer mehr. Und da sind wir wieder beim Denken in Worst-Case-Szenarien. Es stimmt zwar, dass die Panzer bei uns und in den anderen europäischen Ländern im Moment nicht für Kampfeinsätze gebraucht werden, wohl aber zum Üben und zur Verteidigung, falls die Ukraine sich eben doch nicht behaupten kann. Was würden wir tun, wenn unsere Panzer in der Ukraine verloren gehen und Russland an der Nato-Grenze steht? Das ist glücklicherweise kein besonders realistisches Szenario, aber es wäre auch fahrlässig, es nicht in Betracht zu ziehen.

Also meinen Sie eher, dass wir versäumt haben, uns rechtzeitig darum zu kümmern, wo wir das benötigte Material für die Ukraine herbekommen, und jetzt nicht genug liefern können. Die Diskrepanz zwischen den öffentlich verlautbarten Zielen und der realen Unterstützung entspränge dann keinem sinistren Kalkül, sondern eher mangelnder Voraussicht, Bequemlichkeit und vielleicht auch einer Portion Egoismus? Weil wir selber keine Einbußen hinnehmen wollen, die sich bei einer Umstellung unserer Produktion ergäben?

Ja, und das sieht man insbesondere bei der Munitionsproduktion. Wir haben zu lange die Augen davor verschlossen, dass der Konflikt auf einen langen Abnutzungskrieg hinausläuft. Mittlerweile geht es ja gar nicht mehr nur um die Frage der Lieferung neuer Waffensysteme, mit denen die Durchschlagskraft der Ukraine weiter erhöht werden könnte. Mit der Lieferung von F-16-Jets und Kurzstreckenraketen mit langer Reichweite, die zweifellos noch mal einen Unterschied machen, ist das Ende der Fahnenstange dann auch erreicht. Besseres können wir kurzfristig nicht liefern. Die Frage lautet jetzt: Wie organisieren wir die mittel- und langfristige Unterstützung der Ukraine? Hier geht es um Munition, Ersatzteile, ja um die Produktion ganzer Waffensysteme, die von den Russen zerstört oder im Gebrauch verschlissen werden. Diese Diskussion wurde und wird nicht entschieden genug vorangetrieben, und ich glaube, dass diese Zurückhaltung mit der Annahme zusammenhängt: Russland darf diesen Krieg zwar nicht gewinnen, aber es ist ein Krieg, der auf den Osten der Ukraine beschränkt bleibt. Dadurch ist das Bedrohungsszenario für uns weniger akut, als wenn die Russen sich in der Ukraine durchgesetzt hätten. Wir sind wieder bequem geworden, weil die Bedrohung für uns selber nicht mehr so groß ist. Zwar tut sich inzwischen einiges, wie die Ausweitung der Munitionsproduktion durch Rheinmetall zeigt, aber ausreichend ist es immer noch nicht. Uns fällt leider auf die Füße, dass wir in allen Bereichen die eigenen Kapazitäten drastisch heruntergefahren und ausgelagert haben. Anders als früher wird in Deutschland etwa nicht mehr genügend Panzerstahl hergestellt, um eine große Anzahl von Panzern schnell zu produzieren. Man ist vom Weltmarkt abhängig und vom Funktionieren globaler Lieferketten. Und wenn da nicht genügend Panzerstahl zu beschaffen ist, kann man auch nicht die Panzerproduktion erhöhen.

In gewisser Weise wird damit der Ukraine ihr eigener Erfolg zum Verhängnis. Der Westen fühlt sich wieder sicher, zu sicher, weil die Ukrainer sich wider Erwarten gut geschlagen und immer wieder militärische Leistungen gezeigt haben, die kaum jemand für möglich gehalten hätte. Die Einschätzung der ukrainischen Fähigkeiten hat sich sehr verändert im Vergleich zu Ende Februar 2022. Sie selbst haben damals damit gerechnet, dass die Ukraine innerhalb weniger Wochen kapitulieren muss. Damit waren Sie noch besser als viele andere Experten. Warum hat man die Widerstandsfähigkeit der Ukraine in Politik und Militär zu Beginn so falsch eingeschätzt?

In klassischer akademischer Tradition habe ich nur die Macht- und militärischen Potenziale miteinander verglichen: Was steht den Russen zur Verfügung, was haben die Ukrainer, wie gestaltet sich das Terrain, auf dem gekämpft wird? Zudem habe ich mich sehr stark täuschen lassen von den Verlautbarungen der Russen über die Modernisierung ihrer Streitkräfte, und zwar nicht nur, was das Material angeht, sondern auch mit Blick auf die taktisch-operative Führung. Kurz nach der Invasion fiel es mir wie Schuppen von den Augen, dass weichere Faktoren eine vielleicht entscheidende Rolle spielen, die in meiner Analyse militärischer Operationen bislang nur Nebenfaktoren waren. Da geht es zum Beispiel um die einfache Tatsache, dass die ukrainischen Soldaten wissen, was sie verteidigen, während die russischen Soldaten nicht wissen, was sie erobern. Damit verbunden ist eine wesentlich höhere Kampfmoral aufseiten der ukrainischen Streitkräfte. Die Art und Weise, wie die Ukrainer gekämpft haben, um russische Konvois zu sabotieren und zu zerstören, offenbarte zudem ihre enorme Agilität und Flexibilität. Kleine Einheiten sind dabei in nochmals kleinere, relativ unabhängige Einheiten zerfallen: eine Art Partisanen- oder Jagdtaktik. Damit hätte ich weder gerechnet, noch hätte ich die Effektivität dieser Kriegsführung vorher richtig einschätzen können. Auf der anderen Seite standen die Russen mit ihrer statischen Befehlstaktik und einer zunächst katastrophalen Logistik, die anzugreifen ein Leichtes war. Mein Ziel ist es, die weicheren Faktoren in der Analyse und Antizipation zukünftiger militärischer Operationen besser zu gewichten. Man kann über den modernsten Kampfpanzer der Welt verfügen – er hilft nicht viel, wenn man keine gute Operationsführung hat. Dann kann der taktisch bessere Gegner selbst mit unterlegener Waffentechnik oder geringerer Truppenstärke erfolgreich sein.

Spielte die westliche Ausbildung eine Rolle für die innovative und kluge Operationsführung der Ukrainer?

Die Ausbildung durch Nato-Staaten seit 2014 hat der Ukraine dabei geholfen, die alte sowjetische Militärtradition zu überwinden, und das war für den Erfolg des ukrainischen Widerstands enorm wichtig. Aber sie ist nur bedingt für die Innovationsfähigkeit der Ukrainer verantwortlich, wie sie sich später auch im Donbas gezeigt hat, als die gesamte Bevölkerung in die Kriegsführung miteinbezogen wurde. Hier haben die Ukrainer eigene Methoden entwickelt, von denen sich mancher Nato-Staat eine Scheibe abschneiden kann. Datenfusion war dafür besonders wichtig. Die Zivilbevölkerung kann mit eigens entwickelten Apps Fotos an die zentrale Militärverwaltung schicken, wenn sie russisches Gerät oder russische Stellungen entdeckt. Diese Bilder werden anschließend geolokalisiert und an die Truppen vor

Ort weitergeleitet. Mir war lange Zeit nicht klar, dass die Ukraine vor dem 24. Februar 2022 einer der europäischen Hotspots zur Programmierung von Videospielen war. Flapsig gesagt: Der Nerd-Charakter der Gesellschaft half dem Militär später bei der Auskundschaftung russischer Truppenbewegungen.

Kann man daraus ableiten, dass demokratische Gesellschaften autokratischen Systemen überlegen sind, weil sie auf Flexibilität und Innovation von unten bauen können?

Generell nicht. Wenn etwa die Bundesrepublik Deutschland angegriffen werden würde, wäre die Lage eine andere – nicht nur im Hinblick auf die bedingte Abwehrbereitschaft der Bundeswehr, auch mit Blick auf die verschleppte Digitalisierung des Landes und die Gesellschaft insgesamt. Die eben beschriebenen Vorzüge gelten allein für die ukrainische Gesellschaft. Was ihren Fall von anderen unterscheidet: Mit ihrer Aggression und Zerstörungswut haben die Russen die Ukraine erst zu einem richtigen Nationalstaat gemacht, mit dem sich die Menschen identifizieren. Ukrainer sind heute bereit, ihr Territorium zu verteidigen. Die Ukraine ist eine junge Demokratie im Vergleich zur Bundesrepublik Deutschland – wir genießen die Vorzüge der demokratischen Staatsform seit Jahrzehnten und halten sie für selbstverständlich. Meine These ist: Die Verteidigungsbereitschaft ist in einer jungen Demokratie wie der Ukraine höher als in einer etablierten, satten Demokratie wie der Bundesrepublik Deutschland.

Die Trägerschichten der jungen ukrainischen Demokratie sind die Menschen, die 2004 auf dem Maidan gegen ein Vasallenregime von Putins Gnaden protestiert und gekämpft haben. Die demokratischen Institutionen des Landes sind heute zwar noch schwach, aber das Bewusstsein darüber, was man im Kampf für diese junge Demokratie in kurzer Zeit bereits erreicht hat, ist stark. Die Alternative zum Sieg in diesem Kampf wäre ein

Rückfall in die 1990er Jahre oder das enttäuschende Jahrzehnt nach 2004. Die ukrainische Regierung nutzt die Erzählung über den Kampf für Freiheit und gegen Unterdrückung, für die Demokratie und gegen die Autokratie, im Krieg gegen die Russen zur Mobilisierung nach innen und nach außen. In diesen Kampf schreibt sich daher das Narrativ ein: Wir haben für Demokratie und Freiheit enorme Opfer gebracht. Das ist in Verbindung mit den Maidan-Protesten der Gründungsmythos der modernen ukrainischen Demokratie, der auf Dauer demokratiestabilisierende Wirkungen zeitigen wird, selbst wenn die Ukraine den Krieg nicht gewinnen sollte. Als kurz nach Kriegsausbruch das Gerücht aufkam, Selenskyj habe sich ins Ausland abgesetzt, hat er zusammen mit der ganzen Staatsführung diese kurze Videobotschaft ins Netz gestellt: Wir sind hier in Kiew, wir bleiben hier, wir weichen nicht. An die vielen Millionen Ukrainerinnen und Ukrainer war das ein beeindruckendes Signal. Sie haben gemerkt, dass sie in einem neuen Staat leben, dort, wo Kleptokraten einstmals den Geldkoffer packten und aus dem Land flüchteten aus Angst vor der eigenen Bevölkerung.

Sicherheitsdilemma oder imperiale Agenda? Russland, der Westen und die Vorgeschichte des Kriegs gegen die Ukraine

Russlands Krieg gegen die Ukraine und die Frage der Waffenlieferungen polarisieren nach wie vor die deutsche Gesellschaft. Die AfD wirbt mit einer anderen Haltung zu Russland um Wählerstimmen. Auch Sahra Wagenknecht und Teile der Linkspartei tun das und stoßen damit auf eine gewisse Resonanz in der Bevölkerung. Wer sich hier angesprochen fühlt, der sieht die Schuld für diesen Krieg und damit die Verantwortung für seine Beendigung oftmals eher im Westen. Was antworten Sie, wenn

Ihnen jemand erklärt, dass der Westen und die Nato Russlands Sicherheitsinteressen missachtet haben und sich Russland im Grunde nur gegen eine westliche Expansion zur Wehr setzt?
Tatsächlich spielte dieses Argument, dass die Nato Russlands Sicherheit bedrohte, in der russischen Kommunikation bis zum 24. Februar 2022 eine herausragende Rolle. Da geht es um die Nato-Osterweiterung und eine mögliche Nato-Mitgliedschaft der Ukraine sowie um Stationierungen von Soldaten und Material. Doch bezeichnenderweise findet man diese Punkte nach dem 24. Februar kaum noch. In der Kriegsbegründung verwendet Putin eher andere Argumente. Da kommt plötzlich die Idee der Denazifizierung und Demilitarisierung der Ukraine. Und in seiner Rede zur Anerkennung der Separatistenrepubliken im Osten der Ukraine wütete Putin lang und breit gegen die angeblichen historischen Fehler der Bolschewiki, die die Ukraine überhaupt erst geschaffen hätten. Putin redete hier nicht bloß über eine mögliche Nato-Mitgliedschaft Kiews. Vielmehr stellte er die ukrainische Staatlichkeit überhaupt infrage und erhob Anspruch auf ukrainisches Territorium. Und das bestimmt seitdem die russischen Kriegsgründe. Die Bedrohung durch die Nato wird ab und zu noch mal erwähnt, aber sie dominiert das Ganze nicht mehr. Ich glaube, die These ist belastbar: Es ging nie um die Nato. Es geht Putin in diesem Krieg um die Zerstörung der staatlichen Identität der Ukraine. Interessanterweise hat auch der frühere Wagner-Chef und mittlerweile wohl auf Geheiß des Kremls getötete Jewgenij Prigoschin auf seinem Telegram-Kanal der These von der Bedrohung durch die Nato widersprochen und klargestellt, dass weder die Ukraine noch die Nato Russland angreifen wollten.

Also waren die russischen Klagen über die Bedrohung ihrer Sicherheitsinteressen nur vorgeschoben, um eine imperiale Agenda zu bemänteln?

Ja, ich denke, so war es. Zumindest in Bezug auf den russischen Krieg gegen die Ukraine. Bezeichnend dafür ist auch Putins Agieren im Vorfeld des Angriffs. Die russische Seite hat uns bis zuletzt vorgegaukelt, ihr gehe es in dem Konflikt mit Kiew um eigene bedrohte Sicherheitsinteressen. In einem Brief an die USA und Brüssel forderte der russische Außenminister Sergej Lawrow den Verzicht auf eine Nato-Mitgliedschaft der Ukraine und den Rückzug aller amerikanischen Truppen in Europa auf den Stand von 1997. Das hätte aber nicht weniger bedeutet als die Rückabwicklung der europäischen Sicherheitsarchitektur, zurück auf den Stand von 1990. Die Nato und die amerikanischen Truppen wären dann auf das alte Nato-Territorium beschränkt gewesen. Alle Staaten, die nach 1999 in die Nato hineingekommen sind, hätten zwar ihre nationalen Streitkräfte gehabt, aber keinerlei Nato-Truppen oder Nato-Infrastruktur. Darauf konnte die Nato nicht eingehen, ohne ihre Sicherheitsgarantien für die neuen östlichen Mitgliedstaaten völlig auszuhöhlen.

Dennoch haben die westlichen Staats- und Regierungschefs bis zuletzt Verhandlungsangebote gemacht. Einer nach dem anderen hat sich zu Putin an seinen langen Tisch gesetzt. Und alle europäischen Staats- und Regierungschefs haben versichert, dass eine Nato-Mitgliedschaft der Ukraine nicht auf der Tagesordnung stehe. Auf seiner Pressekonferenz mit dem russischen Präsidenten in Moskau am 15. Februar 2022 hat Olaf Scholz diesen schönen Satz gesagt, dass das in ihrer beider Amtszeit kein politisches Thema werden würde, und dann schmunzelnd hinzugefügt: «Ich weiß ja nicht, wie lange Sie vorhaben, im Amt zu bleiben.» Da ihm bewusst gewesen sein muss, dass Putin laut Verfassung bis 2036 Präsident bleiben kann, und wenn er dann noch fit sein sollte, auch verlängern könnte, hat er damit im Prinzip gesagt: Die nächsten 20 Jahre ist das kein Thema.

Und es gab das von Frankreich vermittelte Angebot eines großen Gipfeltreffens.

Richtig. Wenige Tage vor dem russischen Angriff hat Präsident Biden einem großen Gipfeltreffen mit Putin zugestimmt, bei dem über die aufgeworfenen Fragen und die strategische Stabilität in Europa hätte geredet werden können. Die Russen haben dieses Angebot auch angenommen, aber dann trotzdem angegriffen. Die diplomatischen Möglichkeiten waren erkennbar nicht ausgeschöpft, als die russischen Truppen den Marschbefehl erhielten. Das zeigt relativ deutlich, dass die russische Seite im Grunde gar kein Interesse an diesen Verhandlungen hatte, und da drängt sich dann der Verdacht auf, dass Moskau bewusst Forderungen gestellt hat, von denen man wusste, sie können nicht angenommen werden, und diese ganzen Beschwerden über die Nato im Grunde nur vorgeschoben waren.

Das sah man dann auch in den frühen Verhandlungen zwischen der Ukraine und Russland, die zunächst an der Grenze zu Belarus und dann in der Türkei stattfanden. Da hat Selenskyj über seine Emissäre angeboten, auf die Nato-Mitgliedschaft zu verzichten und stattdessen Neutralität zu akzeptieren, wenn er dafür im Gegenzug belastbare Sicherheitsgarantien erhielte. Das hat die Russische Föderation nicht interessiert. Was die Russen interessiert hat, waren hingegen von Beginn an territoriale Fragen: Wie viel ukrainisches Staatsgebiet kann sie halten, wie viel kann sie besetzen, wie viel kann sie dauerhaft in die Russische Föderation überführen?

Man könnte im Grunde genommen sagen: Ganz egal, was in den Jahren seit 1990 zwischen Russland und dem Westen schiefgelaufen sein mag, in dieser aktuellen Krise spielte das keine Rolle. Da ging es nicht um den Westen, da ging es um die imperialen Ansprüche Russlands.

Genau, das ist genau der Punkt. Sicher hat der Westen im Umgang mit Russland Fehler gemacht, und das hat alles eine Rolle gespielt bei der Verschlechterung der Beziehungen. Aber in Bezug auf die russische Politik gegenüber der Ukraine war das komplett Camouflage. Auch jemand wie ich, der in seinem theoretischen Denken sehr stark von Sicherheitsdilemmata geprägt ist und von der Angst von Staaten um die eigene Existenz, muss hier einsehen: Es ging immer um etwas anderes. Es ging um eine imperiale Agenda, um das imperiale Selbstverständnis Russlands und um historische Ansprüche – etwas, das man als ontologische Dimension beschreiben kann. Das ganze Gerede über russische Sicherheitsinteressen diente nur dazu, irgendein plausibel klingendes Argument zu finden, um das vorzubereiten, was dann am 24. Februar durchgeführt wurde.

Ist der russische Krieg gegen die Ukraine dann nicht auch eine Herausforderung für die neorealistische Schule der Internationalen Beziehungen, der Sie angehören? Einer der aktuell wichtigsten Vertreter dieser Denkschule, John Mearsheimer, interpretiert den Krieg immer noch entlang der Idee des Sicherheitsdilemmas und meint, der Westen habe Russland provoziert. Hat die Theorie hier einen blinden Fleck, der zu Fehlschlüssen verleitet?

In der Tat steht die realistische oder neorealistische Theorie vor einer großen Herausforderung. Sie fokussiert sich auf Großmächte und deren Aktionen und Interaktionen im internationalen System. Im Vordergrund steht dabei die zentrale Annahme eines Sicherheitsdilemmas: Jede Maßnahme, die die Sicherheit der einen Seite erhöht – etwa die Installation eines Raketenabwehrschirms in Osteuropa durch die Nato –, reduziert automatisch die Sicherheit der anderen Seite – im vorliegenden Fall die Sicherheit Russlands, das sich dadurch seiner nuklearen Abschreckung beraubt sehen könnte –, die sich dann wiederum gezwungen sieht, Maßnahmen zu ergreifen, um ihre Sicherheit wieder zu erhöhen, was wiederum die Sicherheit der anderen Seite reduziert, und so weiter und so fort. Es handelt sich in der Theorie also um ein klassisches Dilemma, das man nicht auflösen, sondern nur abmildern kann. Das erklärt Rüstungswettlauf, das erklärt Krieg.

Im Falle Russlands haben wir es je nach Interpretation mit einer Möchtegerngroßmacht oder einer wirklichen Großmacht zu tun, mindestens mit einer regionalen Großmacht, die nun aber einen Krieg führt, der nicht durch das für die neorealistische Theorie zentrale Sicherheitsdilemma erklärt werden kann, sondern eine ontologische Dimension besitzt, die durch diese Theorie nicht zu fassen ist. Nun könnte man argumentieren: Wenn die Hypothesen, die aus einer Theorie abgeleitet werden können, nur in, sagen wir, acht von zehn Fällen empirisch bestätigt werden können, dann reicht das doch. Und in zwei Fällen lag sie dann eben falsch. Dem würde ich dann aber entgegnen: Wir haben hier seit langer Zeit mal wieder einen veritablen Krieg einer Großmacht, und wenn die neorealistische Theorie da den Test nicht besteht, dann sollte sie die eigenen Annahmen kritisch hinterfragen und diese gegebenenfalls modifizieren. Ansonsten läuft sie Gefahr, der russischen Propaganda auf den Leim zu gehen, denn deren Begründungen waren lange Zeit verführerisch für Vertreter der neorealistischen Theorie: Die Nato-Osterweiterung, das Heranrücken an die russischen Grenzen, die Stationierung von militärischer Infrastruktur – all das deutete auf ein Macht- und Sicherheitsdilemma hin.

Die Deutung des Konflikts als klassisches Sicherheitsdilemma war und ist allerdings kein rein akademisches Phänomen. Von ihr ist es nur ein kleiner Schritt zu der Behauptung, dass der Westen die Sicherheitsinteressen Russlands missachtet habe und daher mindestens mit-, wenn nicht hauptverantwortlich für die Zuspitzung des Konflikts sei. Der chinesische Staats-

präsident Xi Jinping oder der brasilianische Präsident Lula äußern sich entsprechend. Auch aus Südafrika sind ähnliche Töne zu vernehmen Das wiederum ist von großer Bedeutung dafür, wie man sich einen möglichen Ausweg aus dem Krieg vorstellt. Wenn es Russland um Sicherheitsinteressen geht, liegen andere Optionen auf dem Tisch, als wenn imperialistische Ambitionen die Triebkraft sind. Daher lohnt es sich vielleicht, diese Deutung noch ein wenig abzuklopfen und die Vorgeschichte des Konflikts genauer zu beleuchten. Ist was dran an der Behauptung, der Westen habe in der Vergangenheit schwere Fehler gemacht und Russlands aggressive Haltung damit erst befeuert?

Dazu ist zunächst einmal zu sagen: Nichts, was der Westen getan oder unterlassen hat, rechtfertigt diesen russischen Angriffskrieg, und das meine ich auch so – im Unterschied zu anderen, die dann gleich ein großes «Aber» anschließen.

Wenn wir uns nun anschauen, wie sich das Verhältnis zwischen Russland und dem Westen seit 1990 entwickelt hat, so gibt es sicher einiges, was der Westen hätte anders machen können oder besser nicht gemacht hätte. Inwiefern das ursächlich ist für eine zunehmend aggressivere, unkooperative Haltung Russlands, ist aber noch einmal eine andere Frage. Einige sagen, Putin habe schon immer eine revisionistische Agenda verfolgt. Catherine Belton etwa hat das in ihrem Buch *Putins Netz* entwickelt. In dieser Sicht ist es dann vollkommen egal, wie der Westen agiert hat. Eher noch war er in dieser Sicht zu rücksichtsvoll und hätte Putin früher und härter entgegentreten müssen, um ihn einzudämmen. Andere meinen, dass es schon eine Rückkopplung gegeben habe und Putin auch auf westliche Aktionen reagiert und sich radikalisiert habe. Welche Sichtweise stimmt, lässt sich ohne Kenntnis der Diskussionen in Putins innerem Kreis im Grunde gar nicht sagen. Und da haben wir nun mal kaum verlässliche Quellen.

Wichtig ist mir aber Folgendes: Kaum einer von denen, die Aktionen des Westens kritisieren, findet ebenso deutliche Worte gegenüber der russischen Seite. Russland hat den Westen immer wieder provoziert und viel zu wenig getan, um Vertrauen aufzubauen. Es ist immer auch ein Geben und Nehmen, und wenn eine Seite nur fordert und selbst nichts zur Verbesserung der Beziehungen beiträgt, dann wird man irgendwann skeptisch, ob es ihr überhaupt um Kooperation und Entspannung geht oder nicht doch um etwas anderes. Ich glaube, das war so ein bisschen die Wahrnehmung innerhalb der Nato.

Denn abgesehen von allen Fehlern und Unzulänglichkeiten, hat der Westen Russland auch viele Angebote gemacht, um das Verhältnis zu entspannen und Vertrauen zu stiften. Russland wurde 1998 in die G7 aufgenommen, die dadurch zur G8 wurden. Und die erste Nato-Osterweiterung um Polen, Tschechien und Ungarn – später kamen die baltischen Staaten, Bulgarien, Rumänien und andere hinzu – war mit weitreichenden Kooperationsangeboten und Zugeständnissen verbunden. So enthielt die Nato-Russland-Grundakte von 1997 drei Versprechen: keine Stationierung von Nuklearwaffen, keine Errichtung regionaler Nato-Kommandozentralen und keine permanente Stationierung von substanziellen Kampftruppen auf dem Territorium neuer Mitglieder. Hinzu kam die Einrichtung des Nato-Russland-Rats, der in der damaligen Formation von 19 plus 1 immer nach dem ständigen Nato-Rat tagte. Im Gegenzug hat die Russische Föderation das Recht jedes Staates auf freie Bündniswahl bestätigt. Diese auf Kooperation angelegten Strukturen nicht genug mit Leben gefüllt zu haben, geht mindestens so sehr auf das Konto Russlands wie auf das der Nato-Staaten.

Nun lautet einer der Vorwürfe, um die erregt gestritten wird, der Westen habe ein Versprechen gebrochen, indem er die Nato überhaupt nach Osten ausgedehnt habe. Ist da etwas dran?

Nein, da ist überhaupt nichts dran. Die Vorwürfe beziehen sich auf die Verhandlungen rund um die deutsche Einheit 1990/91. Wenn man sich den Zwei-plus-Vier-Vertrag anschaut, mit dem diese Frage geregelt wurde, dann wird man feststellen: Da steht nichts davon, dass sich die Nato nicht nach Osten ausdehnt. Überhaupt gibt es keinen Vertrag oder ein sonstwie verbindliches Schriftstück, in dem ein solches Versprechen abgegeben wurde. Richtig ist, dass einige Politiker sich in diese Richtung geäußert haben, Hans-Dietrich Genscher etwa. Auch der amerikanische Außenminister James Baker testete in einer frühen Phase, als noch alles unklar war, in Moskau aus, ob man dort bereit wäre, die Einheit zu akzeptieren, wenn sich die Nato «not one inch eastwards» ausdehnen würde. Er wurde damals aber sofort vom amerikanischen Präsidenten George Bush zurückgepfiffen, und anschließend war das kein Thema mehr. Die Amerikaner hätten keinen Vertrag akzeptiert, der ein solches Versprechen enthalten hätte. Wenn Gorbatschow damals darauf bestanden hätte, wäre die deutsche Einheit wahrscheinlich nicht zustande gekommen. Es stimmt, dass sich in Moskau schon damals viele die Haare rauften über Gorbatschows Nachgiebigkeit in den Verhandlungen. Aber irgendwelche verbindlichen Versprechen der westlichen Staaten, die Nato nicht weiter auszudehnen, hat es nicht gegeben, und sie wurden auch nicht eingefordert. Das hat Mary Sarotte in ihrer eindrücklichen Studie zur Nato-Osterweiterung klar nachgewiesen.

Interessant ist auch Folgendes: Zwar hat Boris Jelzin später die Nato-Osterweiterung nur unter Protest abgesegnet, doch noch Anfang April 2004, kurz nachdem die baltischen Staaten der Nato beigetreten waren, sagte Wladimir Putin auf einer Pressekonferenz neben Bundeskanzler Gerhard Schröder: «Hinsichtlich der Nato-Erweiterung haben wir keine Sorgen mit Blick auf die Sicherheit der Russischen Föderation.» Kurz darauf bekräftigte er bei einem Besuch des Nato-Generalsekretärs in Moskau, jedes Land habe «das Recht, seine eigene Form der Sicherheit zu wählen». Russland hat also erst in jüngerer Zeit entdeckt, dass die Nato-Osterweiterung seine Sicherheit bedroht, was erneut den Verdacht schürt, dass es sich hier in erster Linie um Propaganda handelt.

Nun blieb es aber ja nicht bei den baltischen Staaten. 2008 diskutierte die Nato die Aufnahme Georgiens und der Ukraine und schuf diese extrem unglückliche Situation, wo sie einerseits beschließt: «Es ist nicht mehr die Frage, ob, sondern wann Georgien und die Ukraine Mitglieder der Nato werden», andererseits aber dieses «Wann» auf den Sankt Nimmerleinstag verschiebt. Hat das vielleicht den russischen Blick auf die Nato-Osterweiterung verändert?

Der von den USA unter Präsident George W. Bush auf dem Nato-Gipfel in Bukarest 2008 forcierte Versuch einer raschen Aufnahme Georgiens und der Ukraine in das Bündnis war sicherlich problematisch. Die Russen haben sofort kommuniziert, dass mit dem Beitritt dieser beiden Staaten eine rote Linie überschritten würde. Bundeskanzlerin Angela Merkel und der französische Staatspräsident Nicolas Sarkozy haben sich unter Verweis auf Moskauer Sicherheitsbedenken dagegengestemmt und die angesprochene unglückliche Kompromissformel durchgesetzt. Die Alternative zu dieser offenen Formulierung wären ein Scheitern des Nato-Gipfels und ein schweres Zerwürfnis zwischen der damaligen Bush-Administration einerseits und Deutschland und Frankreich andererseits gewesen. Die Bush-Administration hätte diese Lage gar nicht erst heraufbeschwören dürfen, indem sie die Nato-Mitgliedschaft zweier ehemaliger Sowjetrepubliken gegen die Bedenken der beiden wichtigsten kontinentaleuropäischen Partner forcierte.

Ob es im Nachhinein ein strategischer Fehler war, die Ukraine damals nicht aufzunehmen, wie jetzt einige sagen, ist schwer zu entscheiden. Es sprachen schon auch Punkte dagegen. Mit Wiktor Juschtschenko war ein pro-westlicher Präsident in Kiew an der Macht, aber die ukrainische Gesellschaft war ein paar Jahre nach der Orangenen Revolution schon wieder desillusioniert, weil die Demokratisierung und Modernisierung des Landes auch unter den neuen Machthabern zu misslingen schienen. In der Bevölkerung gab es damals keine Mehrheit für einen Nato-Beitritt. Das Land war zwischen dem Westen und Russland weiter tief gespalten; das änderte sich erst ab 2014. Zudem ist fraglich, ob Russland die Ukraine im Falle einer anderen Entscheidung nicht bereits 2008 angegriffen hätte. Denn es ging damals ja nicht um eine sofortige Aufnahme, sondern um einen sogenannten Membership Action Plan, den ein Land in der Regel durchlaufen muss, bevor es Nato-Mitglied werden kann. Selbst wenn dieser damals angeboten worden wäre, worauf die Bush-Administration drängte, hätte die Ukraine also erst einmal eine längere damit verbundene Vorbereitungsphase absolvieren müssen, bevor sie hätte beitreten können. Und in dieser Phase wäre sie sehr verwundbar gewesen.

Der Bukarester Gipfel von 2008 zeigt jedenfalls auch: Das Kreml-Narrativ von der Gefahr einer weiteren Ausdehnung der Nato nach Osten ist rückblickend schlichtweg falsch. Die Ukraine hat damals keinen Membership Action Plan angeboten bekommen, und auch in den Monaten und Jahren danach ist das nicht erfolgt, auch wenn in jedem Abschlusskommuniqué der Nato bis 2021 die Kompromissformel über einen angestrebten Beitritt der beiden ehemaligen Sowjetrepubliken wieder auftauchte. Selbst als die Ukraine das Ziel einer Nato-Mitgliedschaft 2014 in ihre Verfassung schrieb, machte die Nato keine Anstalten, dem Land einen Membership Action Plan anzubieten – aus Rücksicht auf Russland. Russische Sicherheitsinteressen wurden folglich sehr wohl ernst genommen, wenngleich man die Beitrittsperspektive für die Ukraine nicht offiziell vom Tisch nahm.

Denn damit hätte die Nato das in der Nato-Russland-Grundakte verbriefte Recht eines jeden Staates auf freie Bündniswahl, also letztlich sich selbst verraten.

Wenn man bedenkt, dass ein zunehmend aggressiv auftretender Kreml unter Putin die Idee einer zusätzlichen Erweiterungsrunde um Georgien und die Ukraine als massive Provokation empfand: Wäre es dann nicht doch klüger gewesen, statt auf die Nato-Osterweiterung auf eine flexiblere Einbindung Osteuropas zu setzen, wie sie die Partnership-for-Peace-Initiative ermöglichte, ohne eine so klare Trennung zwischen innen und außen?

In der Tat sind die USA zu Beginn sehr zurückhaltend gewesen, was die Nato-Osterweiterung angeht. Clinton legte zunächst die Partnership-for-Peace-Initiative auf, die eine flexible Anbindung an die Nato ermöglichte und an der auch Russland teilnehmen konnte. Jelzin jubilierte damals: Partnerschaft für alle statt Mitgliedschaft für wenige. Ich bin aber skeptisch, ob das am Ende eine echte Alternative gewesen wäre. Das hätte zu einem System kollektiver Sicherheit geführt, das dann, wenn es gebraucht wird, nicht funktioniert. Als Folge wäre die Auflösung der Nato wahrscheinlicher gewesen als alles andere. Außerdem – und das finde ich besonders problematisch – hätte man Staaten wie Polen, Tschechien oder Ungarn damit den eigenen Willen abgesprochen. Alles hätte sich weiter dem alten Denken untergeordnet: Die Nato mit ihrer Führungsmacht USA machen einen Deal mit Russland, unabhängig davon, was diejenigen, um die es geht, überhaupt wollen. Es wäre historisch derselbe Fehler gewesen, den heute die Kritiker einer umfangreichen Unterstützung der Ukraine durch die Nato und Europa machen, wenn sie immer nur argumentieren, man müsse auf Russland zugehen, um Putin an den Verhandlungstisch zu bringen. Wo bleibt da der Wille der Ukrainer zur Selbstbestimmung? Länder wie Polen, Tschechien und Ungarn haben in den 1990er Jahren, als in Russland politisches Chaos herrschte, der Tschetschenienkrieg ausbrach und man nicht wusste, ob die Kommunisten an die Macht zurückkehren oder ein Ultranationalist wie Wladimir Schirinowski das Zepter übernimmt, zu Recht auf harte Sicherheitsgarantien gepocht. Und die gab es nur in der Nato – oder am Ende doch wieder bei der Schutzmacht Russland. Wären die USA unter Clinton damals nicht umgeschwenkt in Richtung Nato-Osterweiterung, dann wären diese Staaten in einer Art Zwischenreich verblieben und hätten über kurz oder lang vermutlich keine andere Wahl gehabt, als sich wieder in Russlands Einflussbereich zu begeben.

Wladimir Putin stellt die Beziehungen zwischen Russland und der Nato nach 1990 inzwischen wie eine einzige Geschichte von Zumutungen und Demütigungen dar. In der von Ihnen erwähnten gemeinsamen Pressekonferenz mit Olaf Scholz kurz vor dem Angriff auf die Ukraine erwähnte er beispielsweise das völkerrechtlich umstrittene Eingreifen der Nato im Kosovo 1999 und die damalige Bombardierung Belgrads. Was in seinen Erzählungen nie vorkommt, sind die Zeiten, in denen das Verhältnis zwischen Russland und dem Westen besser war. Als die USA nach 9/11 die Taliban aus Afghanistan vertreiben wollten, half Putin ihnen beispielsweise dabei, eine Basis in Usbekistan zu bekommen, und auch danach zeigte sich Russland kooperativ bei der Versorgung der US-Truppen in der Region. Wenn man sich diese Kooperation vergegenwärtigt, sind da nicht auch Chancen verspielt worden? Oder anders gefragt: Haben die USA in den Nullerjahren, also auf dem Höhepunkt der unilateralen Phase, durch ihren völkerrechtswidrigen Angriff auf den Irak und andere Maßnahmen und Auswüchse ihres Kriegs gegen den Terror, Guantánamo, Abu Ghraib oder auch die Nichtanerkennung des Internationalen Strafgerichtshofs, die

Geltung der internationalen liberalen Weltordnung selbst unterminiert und zumindest die Bedingung der Möglichkeit für Putins Radikalisierung geschaffen?

Wenn damit gemeint ist, dass der amerikanische Unilateralismus der neokonservativen Bush-Jahre Gegenmachtbildungen bewirkt hat, dann stimme ich dem zu. Wir waren da in einer Phase, in der die USA im Grunde tun und lassen konnten, was sie wollten, und selbst auf ihre Verbündeten in Europa keine Rücksicht nahmen. Dass das von Staaten, die sich selbst als Großmacht sehen, als Provokation empfunden wird, ist nicht verwunderlich. Die USA haben mit ihrer außenpolitischen Hybris die Gegner der Demokratie gestärkt. Sie haben ihren Rivalen auf der ganzen Welt dadurch nicht zuletzt auch eine mächtige rhetorische Figur, ja einen Vorwand an die Hand gegeben, den diese bis in die Gegenwart konsequent auszunutzen wissen: Schon auf der Münchner Sicherheitskonferenz im Frühjahr 2007 war Putin unter Verweis auf das internationale Gebaren der USA von seiner vormals konzilianten Sicht auf die Nato-Osterweiterung abgerückt, und China und Russland konnten in einem gemeinsamen Kommuniqué vom 4. Februar 2022 wenige Stunden vor der Eröffnung der Olympischen Winterspiele noch immer behaupten, der amerikanische Unilateralismus sei weiterhin die Hauptbedrohung für die Stabilität der internationalen Ordnung – zu einem Zeitpunkt, als jener Unilateralismus schon längst nicht mehr existierte, weil die USA im Vergleich etwa zur Clinton-Ära relativ an Macht eingebüßt hatten. Überall auf der Welt, vor allem im globalen Süden, stoßen solche Verlautbarungen nach wie vor auf offene Ohren, was die Aufrechterhaltung einer internationalen Allianz zur Unterstützung der Ukraine nicht gerade erleichtert.

Allerdings muss man auch sehen: Russland ist ein Nuklearstaat mit Zweitschlagfähigkeit. Ich glaube nicht, dass man sich in Russland in dem Sinne bedroht fühlte, dass man meinte, die

Amerikaner könnten irgendwann mal in Russland einfallen. Das ist nicht der Punkt. Aber natürlich ist es ein Problem für eine Großmacht, wenn die USA versuchen, das internationale Umfeld nach den eigenen Vorstellungen und Interessen unilateral zu gestalten, und wenn aus Washington Töne zu hören sind, die auf ein «New American Century» hinauslaufen. Doch es kommt noch etwas anderes hinzu: Die USA haben sich mit ihrer neokonservativen Agenda überdehnt. Der Hybris folgte das Scheitern. Im Nahen und Mittleren Osten wurde infolge des Irakkriegs ausgerechnet die strategische Position des Iran gestärkt. Der Krieg in Afghanistan verschlang Unsummen, und am Ende sind wieder die Taliban an der Macht. Letztlich hat die Schwäche der USA nach den Abenteuern von George W. Bush Putin erst die Möglichkeit gegeben, wieder auf die Weltbühne zurückzukehren.

Nehmen wir nur das Beispiel Syrien. Hier war es erst die inkonsequente Politik des Westens, die Putin die Gelegenheit gab, seinen Einfluss in dem Land auszubauen. Es hätte in Syrien zwei strategisch sinnvolle Optionen gegeben. Entweder man kommt zu dem Schluss, dass Assad nicht an der Macht bleiben kann, und interveniert mit eigenen Truppen, um dieses Ergebnis auch zu erzielen. Oder man will sich auf kein weiteres militärisches Abenteuer im Nahen Osten einlassen und akzeptiert daher Assad als Verhandlungspartner, um das Los der Bevölkerung zu erleichtern. Stattdessen hat man sich den Sturz Assads auf die Fahnen geschrieben, ohne die dafür nötigen Mittel einsetzen zu wollen. Im Endeffekt wurde der Konflikt so radikalisiert und in die Länge gezogen. Und erst das dadurch entstehende Machtvakuum hat Putin die Möglichkeit zum Eingreifen gegeben. Das war ein eklatanter strategischer Fehler. Denn nicht zuletzt hatte Putin so auch die Möglichkeit, jahrelang die militärischen Fähigkeiten seiner Armee unter Kriegsbedingungen zu testen. Allerdings muss man einschränkend hinzufügen, dass sich die Erfahrung auf territorial «relativ» (im Vergleich zur Ukraine) kleine Gebiete beschränkte und die russische Luftwaffe (anders als in der Ukraine) immer die Lufthoheit hatte. Der Vorwurf, der Westen habe russische Sicherheitsinteressen missachtet, ist in diesem Kontext jedenfalls auch ein Stück weit absurd: Der Westen hat in dieser Zeit vielmehr durch eigene Fehler die Voraussetzungen dafür geschaffen, dass ein zunehmend imperial auftretendes Russland zu einer weltweiten Sicherheitsbedrohung wurde.

Die Proteste gegen Assad waren Teil der sogenannten Arabellion, die seit 2011 die ganze Region erfasste und im Westen kurzzeitig die Hoffnung auf ein neues demokratisches Zeitalter befeuerte. Tempi passati. Die Haltung Obamas im Syrienkonflikt hatte jedenfalls auch mit den Erfahrungen in Libyen zu tun, wo der Westen in der Weise eingegriffen hatte, wie Sie es gerade auch für Syrien als Option beschrieben haben. Das Ergebnis sieht aber auch nicht viel besser aus. Libyen ist als Staat zerfallen und zu einem dauerhaften Unruheherd geworden. Russland hat seinen Einfluss, auch durch Söldner der Wagner-Gruppe, in dem Land massiv ausgebaut. Ein weiterer strategischer Fehler des Westens?

Im Rückblick betrachtet, ja. Libyen steht exemplarisch für die Probleme einer auf militärischen Mitteln beruhenden Regime-Change-Politik. Wer einen regierenden Machthaber stürzt, muss einen klaren Plan haben, wie er das Land anschließend stabilisieren will. Erst schießen, dann nachdenken, das ist keine gute Option. Und die bittere Wahrheit ist: Keiner der damaligen Akteure war bereit, wirklich Verantwortung für das Land zu übernehmen, nachdem Gaddafi weg war. Die damit verbundenen Kosten und Risiken waren allen zu hoch. Und es kommt noch etwas anderes hinzu: Als die USA, Großbritannien und Frankreich im Frühjahr 2011 den von Gaddafi-Truppen eingekesselten Aufständischen in Bengasi zu Hilfe eilen wollten, wurden sie von der internationalen Staatengemeinschaft mit der UN-Resolution 1973 unter Verweis auf die «responsibility to protect» dazu ermächtigt – auch von China und Russland, die sich im UN-Sicherheitsrat zwar enthielten, der militärischen Intervention damit aber faktisch zustimmten. Anschließend haben die drei Schutzmächte ihren Auftrag jedoch nach eigenem Ermessen dahingehend uminterpretiert, den – wie sie glaubten – Kern des Übels gleich mit zu beseitigen und Gaddafi zu stürzen. Sie agierten fortan quasi als Luftwaffe der Rebellen und überdehnten damit die vom Sicherheitsrat gebilligte Resolution. Für China und Russland war das ein Vertrauensbruch, der das Verhältnis sicher belastet hat.

Wenn wir schon bei der Selbstkritik sind: Gibt es aus Ihrer Sicht Punkte, wo Sie sagen würden, da hat sich Russland zu Recht beschwert über die Politik des Westens oder der Nato?
Abgesehen von dem schon Genannten – Unilateralismus der USA in der Ära Bush, Irakkrieg 2003 oder Libyen 2011 –, würde ich hier vor allem zwei Punkte hervorheben: den Streit um das Raketenabwehrsystem der Amerikaner in Osteuropa und die Nichtratifizierung des A-KSE-Vertrags durch die westlichen Staaten.

Das müssen Sie erläutern.
Unter George W. Bush machten die Amerikaner ernst mit schon unter Clinton begonnenen Planungen für ein Abwehrsystem gegen Interkontinentalraketen. Dabei ging es um potenzielle Bedrohungen durch Nordkorea und den Iran. Ein Teil der Raketen wurde in Alaska stationiert, um Bedrohungen aus Nordkorea begegnen zu können. Der andere, gegen den Iran gerichtete Teil, und hier wurde es problematisch, sollte nach Ostmitteleuropa: die Abfangraketen nach Polen, der dazugehörige Radar nach Tschechien. In den Jahren 2007/2008 wurden die Planungen

dann akut und die Russen hellhörig. Sie fürchteten, dass sich dieser Abwehrschirm tatsächlich nicht gegen iranische, sondern gegen russische Raketen richtete. Die russischen Einwände waren wenig stichhaltig, weil das System im Vergleich zum russischen Raketenarsenal viel zu klein dimensioniert war. Es waren nur zehn Abfangraketen geplant. Kurz gesagt: Wenn die Russen 50 Raketen losgeschickt hätten, wären locker mehr als 40 durchgekommen. Darüber hinaus behauptete Washington, dass die Vorrichtungen rein technisch gar nicht in der Lage gewesen wären, die russischen Raketen abzufangen, was man in Russland wiederum bezweifelte. Zudem bot Russland an, eine seiner eigenen Radarstationen zur Verfügung zu stellen statt des nach Russland hineinreichenden tschechischen Radars, was die Nato mit dem Verweis auf technische Inkompatibilität der Systeme ablehnte. Im Gegenzug bot man den Russen eine weitreichende Kooperation bei der Entwicklung der Abfangsysteme an. Für Russland hätte darin eine große Chance gelegen, aber Putin lehnte ab. Keiner ging auf die jeweils andere Seite zu, das gegenseitige Misstrauen wuchs. Unter Obama wurde das System dann zwar modifiziert, aber grundsätzlich beibehalten, wenn auch mit anderen Fähigkeiten.

Auch wenn Russland sich in dieser Frage kooperativer hätte verhalten können, ja müssen, würde ich im Rückblick sagen: Dieser Konfliktherd war unnötig. Die Bedrohung aus dem Iran war nicht akut. Um das System bauen zu können, trat Bush 2002 zudem aus dem ABM-Vertrag aus, dem Vertrag zur Begrenzung antiballistischer Raketen, der ein Wettrüsten in diesem Bereich begrenzen sollte. Dass hier ein sensibler Punkt berührt war, ist klar, denn Abfangraketen für Interkontinentalraketen bedrohen potenziell die Zweitschlagkapazität von Nuklearmächten und gefährden das Gleichgewicht des Schreckens. Und das alles für Raketen, die der Iran damals nicht hatte und auch gar nicht entwickelte.

Und was hat der Westen beim A-KSE-Vertrag falsch gemacht? Der KSE-Vertrag war ein Vertrag zur Begrenzung konventioneller Streitkräfte in Europa. Er wurde noch zu einer Zeit verhandelt, als sowohl die Sowjetunion als auch der Warschauer Pakt existierten. Und er legte fest, was die Vertragspartner jeweils wo stationieren durften. Als der Vertrag 1992 in Kraft trat, gab es allerdings keinen Warschauer Pakt mehr und auch keine Sowjetunion. Dementsprechend waren die Regelungen nicht mehr aktuell und mussten angepasst werden. Zudem waren die baltischen Staaten, die während des Ratifizierungsprozesses unabhängig wurden, dem KSE-Vertrag nicht mehr beigetreten, so dass für das Baltikum keine Begrenzungen galten. Russland hatte an einer Neuregelung ein verständliches Interesse, und die Zusage, diese rasch herbeizuführen, war ein weiteres Zugeständnis der Nato-Russland-Grundakte. Das hatte auch eine gewisse Logik, denn im KSE-Vertrag galt das sogenannte Gruppenprinzip, wonach die Waffensysteme jeweils einer Gruppe, Nato oder Warschauer Pakt, zugerechnet wurden. Als Polen, Tschechien und Ungarn der Nato beitraten, deren Gerät ursprünglich zur Gruppe «Warschauer Pakt» gehört hatte, war allerspätestens klar, dass der Vertrag überholt war.

Vor diesem Hintergrund wurde 1999 eine Anpassung des Vertrages (A-KSE) beschlossen, die den neuen Gegebenheiten Rechnung trug. Dieser A-KSE-Vertrag wurde 2004 von Russland, Belarus, Kasachstan und der Ukraine ratifiziert, nicht jedoch von den westlichen Staaten. Unter dem Eindruck des überaus brutalen zweiten Tschetschenienkriegs hatten diese ihre Zustimmung von bestimmten Bedingungen abhängig gemacht, den sogenannten «Istanbul Commitments». Dabei ging es insbesondere um den Abzug russischer Truppen aus Georgien und Transnistrien. Obwohl Russland diese Verpflichtungen zumindest teilweise erfüllte, bewegte sich der Westen in dieser Frage nicht. 2007, im Rahmen des Streits um das Raketenabwehrsystem, drohte Putin schließlich damit, den KSE-Vertrag auszusetzen, wenn der A-KSE-Vertrag nicht ratifiziert werde. Da der Westen hart blieb, setzte Russland den KSE-Vertrag noch 2007 aus. 2015 kündigte Russland ihn, und im Mai 2023 trat es offiziell aus. Im Ergebnis ist ein zentraler Rüstungskontrollvertrag weggebrochen, und da stellt sich mir die Frage, ob diese harte Haltung richtig war. Russland hatte hier einen Rüstungskontrollvertrag ratifiziert, der aufgrund seiner Überprüfungsmechanismen zu einer Art struktureller Nichtangriffsfähigkeit geführt hätte, und wir haben ihn blockiert. Und das alles wegen zwei russischen Militärbasen in Abchasien und Transnistrien. Das war taktisch sehr ungeschickt, um es diplomatisch auszudrücken.

Und genau zu dieser Zeit, als der Westen diese Fehler begeht, 2007/2008, geht Putin in die Offensive und wird zunehmend aggressiver. Gibt es hier nicht doch einen Zusammenhang?
Da sind wir wieder bei der Frage Sicherheitsdilemma ja oder nein. Wenn man es aus klassischer realistischer Sicht betrachtet, dann liegt es nahe, dass Russland auf diese Fehler des Westens, die seine eigene Sicherheit beschränkten, reagierte, indem es Gegendruck aufbaute. Aber diese Deutung funktioniert nur, wenn wir Russland unterstellen, dass die eigenen Sicherheitsinteressen das Hauptmotiv der Außenpolitik gewesen sind. Und da habe ich angesichts der jüngsten Entwicklungen auch für diese Periode starke Zweifel.

Überhaupt fällt auf, dass Russland bei denen, die diese Sichtweise vertreten, immer als eine Art passives Opfer erscheint. So als reagiere Russland nur auf den Westen und habe im Grunde keine eigenen Interessen, die über das friedliche Miteinander hinausgehen – und als werde es daran nur durch die störenden Aktionen des Westens gehindert. Was meist unterbleibt, ist ein kritischer Blick auf die Frage: Was sind eigentlich die russischen Ziele? Was will Russland? Und da beißt sich das Bild einer nur an der eigenen Sicherheit interessierten, friedliebenden Status-Quo-Macht schon allein mit dem Anspruch, das bereits von Jelzin so bezeichnete «nahe Ausland» zu kontrollieren, also die Nachfolgestaaten der Sowjetunion.

Ich glaube, wenn man die aggressive Wende der russischen Politik seit 2007 erklären will, muss man viel mehr auf die inneren Entwicklungen Russlands schauen. Russland verfügt zwar über ein riesiges Territorium und zahlreiche Bodenschätze, ist bevölkerungstechnisch aber ein schrumpfender Staat. Meiner Meinung nach drückte Putin gegen Ende seiner zweiten Amtszeit als Präsident 2007 aufs Gaspedal und kündigte die Kooperation mit dem Westen auf, weil er Fakten schaffen wollte, um sicherzustellen, dass Russland auch dann Großmacht bleibt, wenn die innergesellschaftlichen Voraussetzungen dafür schon nicht mehr gegeben sind: Die Bevölkerung schrumpft, die Wirtschaftskraft sinkt. Aber das Ganze macht er nur deshalb, weil Russland sich eben als eigenständiges Machtzentrum sieht, mit dem Anspruch, das Gebiet hegemonial zu durchdringen, das auch schon im Einflussbereich des Zarenreichs und der Sowjetunion lag. Die Polen zum Beispiel haben immer vor der Fehlwahrnehmung gewarnt, Russland sei eine saturierte Macht, die nur ökonomische und Sicherheitsinteressen verfolge, und darauf gepocht, es handele sich um eine revisionistische Macht mit expansionistischen Zielen. Sie haben recht behalten.

Die Polen haben recht behalten, aber warum? Aus Polen oder dem Baltikum hörte man oft als Begründung, so seien die Russen halt. Das hat man dann in Deutschland gerne leicht überheblich beiseitegeschoben und mit Ressentiments und Vorurteilen erklärt, was ja auch nicht ganz falsch ist. Viele Deutsche hielten sich für viel aufgeklärter und moderner, weil sie eben nicht in Nationalstereotypen dachten, und verkannten doch komplett die Realität. Kann es sein, dass die Polen aus den fal-

schen Gründen richtig lagen? Oder anders gefragt: Warum ist Russland eine revisionistische Macht?

Das mit einem russischen Nationalcharakter zu erklären, womöglich seit Iwan dem Schrecklichen, oder mit der russischen Seele, wäre viel zu einfach. Da ist es dann nicht weit zu einem Biologismus, in den wir nicht abgleiten sollten in der internationalen Politik. Ich glaube, es ist eine Identitätsfrage. Es geht um das russische Selbstverständnis als Imperium, als Großmacht. Die politische und militärische Elite des Landes sieht sich in der Tradition des Zarenreiches und der Sowjetunion, in der Tradition des russischen Imperiums, das in ihrer Sicht unauflöslich mit der russischen Identität verbunden ist. Ohne Imperium kein Russland. Das ist ja gemeint, wenn Putin sagt, der Westen wolle Russland vernichten. Er nimmt ihm sein Imperium. Daher will sich das Putin-Regime etwas zurückholen, auf das es einen historischen Anspruch zu haben glaubt, und zwar in dem Moment, in dem es nach einer Phase der Schwäche das Gefühl hat, sich intern konsolidiert zu haben und wieder ausgreifen zu können.

Einige sagen ja, schon der zweite Tschetschenienkrieg hätte misstrauisch machen können und spätestens seit dem Georgienkrieg von 2008 hätte allen klar sein müssen, womit sie es in Russland zu tun hatten. Stimmt das? Offenbarte sich diese Radikalisierung schon im August 2008, als russische Truppen bis fast nach Tiflis vorrückten?

Die Radikalisierung im russischen Staatsdenken und -handeln war seit Putins Rede auf der Münchner Sicherheitskonferenz im Frühjahr 2007 nicht länger zu bestreiten und spielte ein Jahr später auch in den Georgienkrieg hinein. Dennoch würde ich dazu raten, die Kriege in Tschetschenien, Georgien und der Ukraine getrennt voneinander zu analysieren, jeweils auch mit Blick auf den internationalen Kontext. Es gibt auffällige Parallelen, aber auch wichtige Unterschiede. Der unter dem russischen Präsidenten Boris Jelzin begonnene Tschetschenienkrieg war eher der Versuch, die Abspaltung einer Region oder eines Teilstaats zu verhindern, wie er in den 1990er Jahren auf der Tagesordnung war – eine Art State-Building-Krieg –, als ein neoimperiales Projekt. Die Angst, dass dies der Anfang vom Ende auch der Russischen Föderation hätte sein können, hat dabei sicherlich auch eine Rolle gespielt. Doch die Brutalität des russischen Militärs insbesondere im zweiten Tschetschenienkrieg unter Putin, diese Terrorisierung der Zivilbevölkerung, Sippenhaft und großflächige Zerstörung ganzer Städte und Gebiete, zieht sich wie ein roter Faden von der tschetschenischen Hauptstadt Grosny über das syrische Aleppo bis ins südostukrainische Mariupol. Das ist die Art und Weise, wie das russische Militär Krieg führt.

Der Georgienkrieg von 2008 ist sicher Ausdruck russischen imperialen Denkens. Allerdings sind seine Hintergründe deutlich komplexer. Durch den Gipfel von Bukarest hatte der georgische Präsident Saakaschwili – ein Heißsporn – das Gefühl bekommen, er stehe mit einem Bein in der Nato und müsse in dem schwelenden Konflikt um die beiden abtrünnigen Regionen Südossetien und Abchasien, in denen russische «Friedenstruppen» standen, keine Rücksicht mehr auf Russland nehmen. Der Startschuss für den Georgienkrieg ging von Saakaschwili aus – ob die Russen ihm vorher eine Falle gestellt haben oder nicht. Er ließ die georgische Armee Südossetien angreifen, bevor sich die Kampfhandlungen auf Abchasien ausweiteten und das russische Militär intervenierte. Russland nutzte dann sozusagen die günstige Gelegenheit zur Flurbereinigung und um ein Exempel zu statuieren. Es versenkte die gesamte georgische Flotte, bombardierte Militärbasen im ganzen Land und rückte bis kurz vor Tiflis vor. Damit war klar: Russland ist bereit, für seine Interessen in seiner unmittelbaren Nachbarschaft Waffengewalt einzusetzen.

Allerdings zog Russland seine Truppen anschließend aus dem

georgischen Kernland (nicht aus Südossetien und Abchasien) auch wieder zurück, und die Tatsache, dass Saakaschwili angegriffen hatte, ließ Spielraum für Interpretationen. Ein Jahr später rief Präsident Obama dann ein «Reset» in den Beziehungen zu Russland aus und versuchte sich an einer Normalisierung. Insofern hatte man auch in Washington nach dem Georgienkrieg noch Hoffnung auf eine Besserung des Verhältnisses zu Russland. Ich wäre daher vorsichtig mit einer zu einfachen Kausalkette vom Georgienkrieg 2008 zum Ukrainekrieg seit 2014.

Wann beginnt denn dann der Weg in den Ukrainekrieg?
Mit dem Euromaidan, der Flucht Wiktor Janukowitschs und den demokratischen Wahlen mit pro-europäischem Ausgang. Die Demokratisierung der Ukraine seit 2014 ist eine große innenpolitische Herausforderung für Putin, weil die Beziehungen zwischen Ukrainern und Russen bis ins Familiäre hinein noch mal enger sind als beispielsweise zwischen Russen und Georgiern. Er hat 2011 selbst erlebt, wie die Russen, allen voran die Moskauer, zu Hunderttausenden auf die Straße gegangen sind, um gegen Wahlfälschungen bei der Parlamentswahl zu demonstrieren. Putin will mit aller Macht verhindern, dass sich dieses Szenario wiederholt, und je größer die Freiheiten für die Menschen in unmittelbarer russischer Nachbarschaft sind, desto verlockender könnte es für die Russen selbst sein, ihren Diktator davonzujagen.

Beißt sich diese eher innenpolitisch mit Regimesicherung argumentierende Analyse nicht mit Ihrer These, dass es Russland in der Ukraine um eine imperiale Agenda geht?
Nein, ich denke, das lässt sich durchaus zusammendenken. Die Sicherheit des Regimes ist für Putin die Voraussetzung für die russischen imperialen Ansprüche und umgekehrt. Wichtig scheint mir allerdings Folgendes: Russland wird nicht erst in

dem Moment imperial, in dem es seine Nachbarstaaten überfällt oder Territorien annektiert. Ich denke, der russische Anspruch, den ehemaligen sowjetischen Orbit hegemonial zu durchdringen, ist der Schlüssel, wenn man das russische Verhalten gegenüber der Ukraine, aber auch gegenüber dem Westen und der Nato verstehen will. Wenn dieser Zugriff zu entgleiten droht, handelt Russland. Wie es das tut, richtet sich aber nach der jeweiligen Lage. Das kann durchaus ohne Einsatz militärischer Mittel geschehen, etwa durch Einflussnahme auf politische Parteien oder Politiker. Das neoimperiale Bestreben Russlands zielt zuallererst auf Kontrolle, die auch postmodern ausgeübt werden kann: Man muss keine Armee in Marsch setzen oder eigene Gouverneure installieren, sondern es genügt, ein Land ökonomisch und politisch von sich abhängig zu machen, so dass am Ende im Kreml entschieden wird, was dort passiert. Wenn diese informelle imperiale Herrschaft jedoch nicht mehr funktioniert, und das Land sich dem russischen Orbit zu entziehen droht, bedarf es des Einsatzes klassischer imperialer Gewaltmittel. Für die Ukraine galt dies ganz besonders, die für Putin das Herzstück des russischen imperialen Projekts ist.

Ich denke, Putin wäre es durchaus lieber gewesen, die Kontrolle über die Ukraine weiterhin ohne den massiven Einsatz russischer Streitkräfte auszuüben, wie in Belarus, wo Alexander Lukaschenko ein autokratischer Herrscher von seinen Gnaden ist – aus Minsk fehlt eigentlich nur noch die offizielle Beitrittserklärung zur Russischen Föderation. Aber mit der erfolgreichen Revolte des Maidan und der Orientierung in Richtung Westen drohte Putin sein «informal empire» zu entgleiten.

Allerdings gab es schon 2004 einen erfolgreichen Maidan. Damals protestierten Hunderttausende gegen Wahlfälschungen bei der Präsidentenwahl, und anders als in Russland 2011 setzten sie sich durch: Die Wahl wurde wiederholt und Juscht-

schenko gewählt, der erstmals einen klaren Westkurs verfolgte und die Ukraine in Richtung EU und Nato zu führen versuchte. Warum hat Russland nicht schon 2004 militärisch eingegriffen? Was war damals anders als 2014?

Da würde ich drei Punkte machen: Erstens ist das Russland von 2004 militärisch nicht mit dem Russland von 2008 oder 2014 zu vergleichen, weder von den Fähigkeiten noch vom Selbstverständnis her. Wir können nicht einfach davon ausgehen, dass Russland jederzeit zu einer Intervention in der Lage gewesen wäre. 2004 ist Russland gerade erst dabei, sich zu stabilisieren und verhält sich auch gegenüber dem Westen noch kooperativ. Erst 2007 ändert sich das. Und 2008 folgt der aus russischer Sicht erfolgreiche Georgienkrieg, der militärisches Selbstvertrauen stiftet. Danach wird das Militär umfassend modernisiert, zumindest dem Anspruch nach.

Zweitens war Putins Regime 2014 weniger stabil. Nachdem er 2008 auf das Amt des Premierministers unter dem neuen Präsidenten Medwedew gewechselt war, weil dem russischen Präsidenten nach der Verfassung nur zwei Amtszeiten in Folge erlaubt sind, kehrte Putin 2012 nach den Protesten des Vorjahres geschwächt und in einer ökonomisch schwierigen Situation ins Präsidentenamt zurück. Eine demokratische Ukraine war in dieser Situation eine größere Bedrohung als noch 2004.

Und drittens war die Bedrohung eines imperialen Kontrollverlustes, eines Herausdriftens der Ukraine aus dem russischen Orbit 2014 größer als 2004. 2004 ging es um eine Wahlwiederholung. Russland hatte auch danach noch viele Möglichkeiten der Einflussnahme, und die Westperspektive der Ukraine blieb schwammig. Tatsächlich scheiterte Juschtschenko auch innenpolitisch. 2010 folgte ihm der Russland nahestehende Janukowitsch, gegen dessen angeblichen Wahlsieg sich der Maidan von 2004 gerichtet hatte, als Präsident nach, diesmal, soweit wir wissen, in einigermaßen fairen Wahlen. 2014 dagegen floh Janukowitsch außer Landes und wurde abgesetzt. Es war eine viel dynamischere, unübersichtlichere Lage. Zudem stand mit dem EU-Assoziierungsabkommen, um das in den Monaten zuvor gerungen worden war und an dessen Absage durch Janukowitsch sich der Maidan entzündet hatte, eine viel konkretere Westperspektive im Raum. In dieser Lage entschloss sich Putin dann zur Annexion der Krim und zum Krieg in der Ostukraine.

2014 wirkte Putin wie ein skrupelloser und brutaler, aber dennoch realistisch kalkulierender Machtpolitiker, der genau wusste, wie weit er gehen konnte, womit er noch durchkam. 2022 dagegen wirkten seine Taten und auch seine Reden wie im Wahn. Handelte Putin wie ein rationaler Akteur, als er den Befehl zur Invasion gab?

Was der eine als irrational erachtet, mag für den anderen rational sein. Insofern: Ja, aus seiner eigenen Logik heraus handelt Putin rational, was nicht bedeutet, dass er gute oder richtige Entscheidungen trifft. Rational bedeutet nur, auf der Basis der vorliegenden Informationen und vor dem eigenen Wertehorizont eine mit Blick auf die Kosten-Nutzen-Abwägung vernünftige Entscheidung zu treffen. Und wenn wir jetzt davon ausgehen, wie die Berichte uns suggerieren, dass Putin vor der Invasion über die militärische Leistungsfähigkeit seiner Armee, die Haltung der ukrainischen Gesellschaft gegenüber Russland und die Handlungsfähigkeit des Westens völlig falsch informiert war, war sein Angriffs- und Einmarschbefehl vielleicht rational. Aus unserer Perspektive war er komplett irrational. Die Kategorie der Rationalität ist für die Analyse dieser Fragen irrelevant, weil sie nicht objektiv feststellbar ist.

Dann wäre die eigentliche Frage: Wie kann ein Herrschaftssystem wie der Kreml unter Putin Annahmen und Tatsachen voraussetzen, die derart von der Realität abweichen?

Es handelt sich zum einen um ein Herrschaftssystem mit zunehmend totalitären Zügen, in dem Bürokratie, Militär und politische Nomenklatura einen Teufel tun werden, dem Anführer die Wahrheit zu sagen. Die in solchen Systemen oft über Leben und Tod entscheidende Kunst besteht eher in der Antizipation dessen, was dieser hören will, und entsprechend werden die Fakten geschönt. Am Ende glaubt das System seiner eigenen Propaganda. Der zweite Punkt ist ein bisschen spekulativ, aber nach allem, was wir wissen, hat sich Putin während der Corona-Pandemie völlig von der Außenwelt abgeschottet und nur noch mit einem sehr kleinen Kreis von Vertrauten umgeben. Das kann auch dazu führen, dass man eine verzerrte Wahrnehmung der Wirklichkeit hat und kaum noch mitbekommt, was sich außerhalb der Kremlmauern oder der geheimen Luxusanwesen mit ihren vergoldeten Klodeckeln zuträgt. Wenn man beides zusammendenkt, hat man eine Erklärung dafür, warum ein katastrophaler Fehler aus Putins Perspektive eine völlig rationale Entscheidung war.

Welche Rolle spielte der Zustand der westlichen Welt für diese katastrophale Fehlentscheidung? Deren Außendarstellung war vor dem 24. Februar 2022 ziemlich schlecht.

Wir sind im Herbst 2021 Hals über Kopf aus Afghanistan abgezogen – eine krachende Niederlage der Nato und ihrer Führungsmacht USA. In der Bundesrepublik Deutschland, einem der wichtigsten Nato-Länder, wurde im Winter 2021 eine neue Bundesregierung vereidigt – mit einem Kanzler aus einer Partei, die Deutschland maßgeblich in die Energieabhängigkeit von Russland geführt hatte. Vorher fand der Brexit statt, der Großbritannien im Chaos zurückließ. Und der französische Präsident musste fürchten, bei den kommenden Wahlen von einer rechtsextremen, Putin-affinen Gegenkandidatin geschlagen zu werden. Hinzu kommen noch die hohe Inflation, die von der

Pandemie bewirkten Lieferengpässe und allgemein die fragile Wirtschaftslage am Ausgang der Pandemie. Das mag für den Zeitpunkt der Entscheidung eine Rolle gespielt haben. Vielleicht hielt Putin die Situation für einmalig günstig. Denn vor diesem Hintergrund konnte er annehmen, dass der Westen nicht besonders handlungsfähig sei, dass die maximale Reaktion auf eine Eskalation in der Ukraine vielleicht halbherzige Sanktionen wie 2014 sein würden. Und wer weiß, was passiert wäre, wenn die ukrainische Armee, wie von vielen erwartet, nach wenigen Tagen kapituliert hätte. Letztlich war es vor allem die unerwartet starke und effektive Gegenwehr der ukrainischen Bevölkerung, die Putin einen Strich durch die Rechnung machte. Aber es könnte auch sein, dass nicht nur Putin, sondern auch wir im Westen am Ende ein zu schlechtes Bild von uns selbst hatten.

It Takes Two to Tango: Wege zum Frieden

Die deutsche Debatte um den Ukrainekrieg wird sehr hart und unversöhnlich geführt. Einer der Streitpunkte ist die Frage: Trägt der Westen bzw. die Nato eine Mitschuld? Darüber haben wir eben ausführlich gesprochen. Der andere, sehr umstrittene Punkt ist die Frage nach Friedensverhandlungen. Es gab eine Reihe von Manifesten, die vom Westen und von der Ukraine mehr Verhandlungsbereitschaft forderten. Auch der Historiker und Sohn des ehemaligen Bundeskanzlers Willy Brandt, Peter Brandt, hat einen solchen Aufruf initiiert. Damals haben Sie getwittert: «Kinners, ihr habt den Schuss noch immer nicht gehört.» Was finden Sie so problematisch an diesen Friedensappellen?

Sie übersehen, dass Russland weiterhin glaubt, mit der Fortführung dieses Krieges mehr gewinnen zu können als durch eine Einstellung der Kampfhandlungen, und dass Russland natürlich nur zu Friedensverhandlungen bereit ist, wenn man seine Maximalforderungen akzeptiert: die – wie es vom Kreml so zynisch umschrieben wird – Anerkennung der territorialen Realitäten in der Ukraine, was letzten Endes darauf hinauslaufen würde, die vier annektierten Oblaste sowie die Krim Russland zuzuschlagen, ein Gebiet so groß wie Bayern und Baden-Württemberg zusammen. Diese deutschen Friedensaposteln, von denen es seriösere und weniger seriöse gibt, haben den Schuss noch nicht gehört, weil sie wie streitlustige kleine Kinder den Blick auf die Realität verloren haben. Die Annahme, Russland wolle prinzipiell Frieden, habe sich aber derart verrannt, dass man dem Land nur einen Ausweg zum Frieden aufzeigen müsse, ist angesichts der Rhetorik der führenden Vertreter der Russischen Föderation und der Realitäten auf dem Schlachtfeld völlig illusorisch. Meine Kritik zielt nicht darauf, dass diejenigen, die diese Aufrufe initiieren, das wollen, was jeder vernünftige Mensch in dieser Situation will: Frieden. Meine Kritik zielt darauf, dass sie eine ganz banale Tatsache ignorieren: «It takes two to Tango», es braucht zwei, um Tango zu tanzen, und, um im Bild zu bleiben, eine Seite will hier definitiv keinen Tango tanzen, und das ist die Russische Föderation. Und mit Blick auf die Maximalforderungen der Russen ist die Ukraine verständlicherweise nicht bereit, sich an den Verhandlungstisch zu begeben.

Ihre Formulierungen sind nicht gerade diplomatisch. Tragen Sie vielleicht selbst dazu bei, dass diese Debatten immer unversöhnlicher werden? Zwar diskutieren Sie in dieser Frage auch regelmäßig sachlich mit Andersdenkenden wie etwa Sahra Wagenknecht oder Wolfgang Merkel, aber auf Twitter sind Sie ein anderer Mensch.

In gewisser Weise trage ich mit solchen Tweets zur Polarisierung bei, ja. Allerdings habe ich mir lange Zeit Mühe gegeben, mich argumentativ mit der anderen Seite auseinanderzusetzen. Nur gibt es dort oft keine Dialogbereitschaft, weil man in einer eigenen Gedankenwelt verfangen ist. Einigen würde ich sogar die Ernsthaftigkeit ihres Anliegens absprechen – nicht Personen wie Peter Brandt oder Wolfgang Merkel, aber anderen, mit denen man dann auch nicht zu diskutieren braucht, weil sie sich weigern, Realitäten anzuerkennen. Natürlich lässt sich die Realität immer verschieden interpretieren, aber für eine Diskussion bedarf es zumindest der Anerkennung einer gewissen gemeinsamen empirischen Grundlage. Sobald diese ignoriert wird, befinden wir uns im Bereich der Ideologie oder des Wunschdenkens. Dort halte ich mich nur sehr ungern auf.

Wie müsste die Situation in der Ukraine denn aussehen, damit Sie auf einen Friedensappell einsteigen würden?
Aus der Forschung kennen wir zwei Möglichkeiten, wie es in der Ukraine zu einem Friedensschluss oder zum Beginn von Friedensverhandlungen kommen kann. Das eine ist eine Situation, in der beide Konfliktparteien erschöpft sind und einsehen, durch die Fortführung des Krieges nichts mehr gewinnen zu können. Die Alternative zu Verhandlungen wäre hier ein jahrelanger Abnutzungskrieg. Mit einer solchen Perspektive entstehen auf beiden Seiten Möglichkeiten, in den diplomatischen Raum vorzustoßen und zumindest die Beendigung des militärischen Konfliktes zu erreichen. Der politische Konflikt würde dann noch lange andauern, aber es wäre schon viel gewonnen, wenn die Waffen schweigen würden. Die andere Situation wäre, wenn sich bei einer der beiden Seiten die Einsicht durchsetzt, dass man von der Fortführung des Krieges mehr zu verlieren hat als zu gewinnen. Das kann nach wie vor sowohl die Ukraine als auch die Russische Föderation betreffen. Deshalb ist es auch so wichtig zu verstehen, dass die militärische Logik auf dem Schlachtfeld darüber entscheidet, ob ein Beginn von Friedensverhandlungen realistisch ist und wohin diese Friedensverhandlungen führen

würden. Wenn man es ablehnt, dass die Russische Föderation als Ergebnis von Friedensverhandlungen am Ende mehr als 15 Prozent des ukrainischen Territoriums dauerhaft besetzt hält, sollte man die Realitäten auf dem Schlachtfeld so verändern, dass die Russische Föderation besetztes Territorium wieder verliert und befürchten muss, noch mehr Territorium zu verlieren. Dann besteht die Möglichkeit, dass sie an den Verhandlungstisch kommt, um mit weniger Vorbedingungen für sich noch etwas zu retten. Wichtig ist die Einsicht: Krieg und Frieden sind keine voneinander getrennten Phänomene, sondern bedingen einander. Vor diesem Hintergrund ist es aus empirischer Sicht auch eine – leider weitverbreitete – Mär, dass ein Waffenstillstand zwingend die Vorbedingung für Verhandlungen darstellt. Schon während des Dreißigjährigen Krieges wurde jahrelang gekämpft und gleichzeitig verhandelt. Die Geschichte lehrt uns, dass in Kriegen Waffenstillstände gebrochen werden, um Druck auf die Verhandlungen zu machen. Die Verfasser von Friedensappellen müssen verstehen, dass die Ukraine den Krieg mit westlicher Unterstützung nicht um des Krieges willen führt, sondern um eine Situation zu schaffen, die beide Seiten an den Verhandlungstisch bringt und zur Beendigung des militärischen Konflikts führt.

Aber das heißt ja auch: Erst wenn die militärische Analyse irgendwann darauf hinausläuft, dass die Ukraine z. B. ausmobilisiert ist, die jetzige Frontlinie nicht mehr lange halten könnte und weitere russische Territorialgewinne zu befürchten stünden, wäre ein Hinwirken auf Verhandlungen eine sinnvolle Option. Und das Gleiche gilt umgekehrt, wenn die Russische Föderation größere Verluste erleidet oder befürchten muss.

Richtig, im Grunde müssten diejenigen, die jetzt Friedensverhandlungen fordern, genau diese militärische Lageanalyse haben, und wir müssten dann darüber diskutieren, ob das realistisch ist. Aber genau das geschieht nicht. Die von mir beschriebenen Szenarien für Friedensverhandlungen sind überdies immer nur so realistisch, wie sie von den jeweiligen Kriegsparteien selbst für plausibel gehalten werden. Auch wenn die Ukraine entgegen meiner Hoffnung noch mehr Territorium verlieren sollte als bisher, wäre ihre Bereitschaft zu Friedensverhandlungen wahrscheinlich trotzdem sehr gering, weil ihre Gesellschaft und politische und militärische Elite entschlossen ist, den militärischen Kampf für die eigene Freiheit bis zum bitteren Ende zu führen. Natürlich haben die Staaten, die die Ukraine politisch, militärisch und ökonomisch massiv unterstützen, einen gewissen Hebel, um auf die Position der ukrainischen Regierung Einfluss auszuüben. Aber die Entscheidung über die Fortführung des Krieges liegt am Ende immer bei der Ukraine selbst. Dummerweise gilt das Gleiche für die Russische Föderation, bei der man nur auf eine gewisse Ratio hoffen kann – ich habe das Problem mit dem Begriff der Rationalität bereits angesprochen. Wenn die Russen irgendwann glauben, sie verlieren mehr, als dass sie gewinnen, könnte ein diplomatischer Vorstoß erfolgversprechend sein, vor allem dann, wenn die Russen fürchten, dass sie die Krim verlieren könnten. So ein Vorstoß könnte dann trotzdem scheitern, wenn die Russen glauben würden, das Ruder durch die Mobilisierung weiterer Ressourcen wieder herumdrehen zu können. Das mit den Verhandlungen bleibt also eine schwierige Sache. Die Wahrscheinlichkeit, dass es dazu kommt, hängt nicht nur von der Lage auf dem Schlachtfeld ab, sondern auch von den damit verbundenen Wahrnehmungen der politischen und militärischen Eliten aufseiten der Konfliktparteien. Nur: Wer in der jetzigen militärischen Lage, in einer teils großflächig besetzten Ukraine, Friedensverhandlungen fordert, befördert allein die Interessen der Russischen Föderation.

Die vergangene Winteroffensive der Russen war weitgehend erfolglos, doch die ukrainische Gegenoffensive seit dem Frühsom-

mer kommt ebenfalls nicht richtig voran. Ein paar Kilometer in die eine, dann ein paar Kilometer in die andere Richtung, in der Zwischenzeit mehrere zehntausend Tote: Wie wahrscheinlich ist es, dass sich dieses Szenario auch im kommenden Jahr wiederholt? Wäre es nicht doch sinnvoll, auf der Grundlage der territorialen Gegebenheiten jetzt auf einen Waffenstillstand hinzuwirken, weil die Situation auch nächstes oder übernächstes Jahr auf dasselbe hinausliefe, nur mit noch mehr Toten?
Wenn wir einer Nuklearmacht einen Territorialgewinn zugestehen, den sie unter ihrem nuklearen Schutzschirm selbst erzielt hat, haben wir keine Garantie dafür, dass sie in ein paar Jahren nicht noch hungriger wird. Wer sagt, dass sich die Russen nach der Erholung ihrer Landstreitkräfte mit diesem «Kompromiss» zufriedengeben würden? Die russische Armee würde sich schneller erholen, als der Westen die Ukraine aufrüsten und in eine Lage versetzen könnte, dass das Abschreckungspotenzial groß genug ist. Deshalb befinden wir uns im Moment in einer vertrackten Situation. Wenn es irgendwann zu einem Waffenstillstand kommt, werden wir die schwierigsten Friedensverhandlungen seit Ende des Zweiten Weltkriegs erleben. Die Naivität derer, die jetzt Frieden fordern und glauben, der politische Konflikt mit diesem Russland lasse sich schnell beilegen, ist atemberaubend.

Sahra Wagenknecht hat in einem* SPIEGEL*-Streitgespräch mit Ihnen gesagt, dieser Krieg wäre verhinderbar gewesen – und er hätte auch längst beendet werden können.
Wenn die Russen nicht einmarschiert wären, wäre der Krieg verhindert worden, und er hätte längst beendet werden können, wenn die Russen sich zurückgezogen hätten. Auf die Forderungen Putins einzugehen – sowohl vor Kriegsausbruch als auch jetzt, während des Krieges –, würde die gesamte europäische Sicherheitsordnung nachhaltig erschüttern und auf Jahrzehnte destabilisieren, sehr wahrscheinlich mit der Folge weiterer

Kriege. Wir müssen uns vergegenwärtigen, dass der russische Angriffskrieg den Schlusspunkt einer Entwicklung bildet, die die Sicherheit in Europa auf das Niveau der 1960er Jahre zurückwirft. Von der europäischen Sicherheitsarchitektur, die mit der Unterzeichnung der Schlussakte von Helsinki 1975 über Rüstungskontrollverträge wie den KSE-Vertrag bis hin zu Open Skies aufwändig gestrickt wurde, ist heute kaum noch etwas übrig. Wenn wir Russland in dieser Situation eine fundamentale Revision der Grenzen in Europa zugestehen, sind Tür und Tor für zukünftige Aggressionen geöffnet.

Dieser Krieg ist in seinen Auswirkungen nicht auf Europa begrenzt, sondern beeinflusst etwa auch die sowieso sehr angespannte Ernährungslage im globalen Süden. Die weltweite Inflation führt zu Zinserhöhungen durch die Notenbanken, die wiederum die Entwicklungschancen der Entwicklungsländer beeinträchtigen. Je länger der Krieg dauert, desto schlimmer werden seine Folgewirkungen und desto größer wird die Gefahr der Destabilisierung der ganzen Welt – zumal dieser Konflikt das Potenzial hat, sich auszuweiten und andere Akteure hineinzuziehen, sei es die Nato, sei es China. Stehen wir dadurch nicht schon allein zeitlich unter Druck, bald eine Lösung herbeizuführen?

Das ist unser größtes Problem: Putin geht von der Annahme aus, dass Demokratien nicht den strategischen Atem haben, die Ukraine langfristig zu unterstützen, egal, wie dieser Konflikt sich in militärischer Hinsicht im Einzelnen darstellt. Und damit hat er sicherlich nicht ganz unrecht. Erste Erschöpfungstendenzen sind bei uns bereits erkennbar, ein Ende des Abnutzungskriegs scheint gegenwärtig nicht absehbar. Die Erfolgschancen der Ukraine hängen weiter maßgeblich davon ab, wie nachhaltig wir sie mit Munition, Ersatzteilen und mit Ersatzgerät für zerstörte oder verschlissene Waffensysteme unterstützen. Vieles wird von den amerikanischen Präsidentschaftswahlen im nächsten Jahr abhängen. Wenn Trump zum zweiten Mal oder ein Republikaner wie DeSantis gewählt werden sollte, könnte es sein, dass die Vereinigten Staaten ihre Unterstützung für die Ukraine einstellen. Solche Möglichkeiten kalkulieren Putin und seine Getreuen mit ein. Deswegen spielen sie auf Zeit, zumal ihnen mehr Menschen und Material zur Verfügung stehen, wenn auch Letzteres qualitativ dem westlichen unterlegen.

Dennoch haben Sie vor nicht allzu langer Zeit gesagt, dass die Russen den Krieg eigentlich schon verloren haben.

Es ist zwar nicht auszuschließen, dass Russland seine territorialen Ambitionen erreicht. Das könnte man dann als Sieg der Russischen Föderation interpretieren. Sicher ist aber erstens, dass die russische Wirtschaft durch die Sanktionen auf lange Sicht geschwächt bleiben wird. Zweitens ist Russland mittlerweile politisch zwar nicht völlig isoliert, aber selbst bei seinen engsten Unterstützern, also China und Indien, sorgt die Art und Weise, wie die Russen Krieg führen und den Wunsch nach Friedensverhandlungen abschmettern, doch für erheblichen Unmut. Und drittens bleibt Russland ein Land mit einer problematischen Demografie, das vor immensen innergesellschaftlichen Herausforderungen steht. Wenn Putin in diesem Krieg doch noch die ethnischen Russen mobilisieren muss, kommt der Krieg in der Mitte seines Landes an. Dann steigt der innenpolitische Druck enorm, und der Aufstand eines Söldnerführers könnte noch des Kremldiktators geringstes Problem sein. Was würde es bringen und vor allem kosten, wenn die Russen im schlimmsten – aus imperialistisch-ideologischer Sicht des Kriegsherrn: besten – Fall weitere Gebiete in der Ukraine annektierten, wo man doch weiß, dass die Bevölkerung gegen einen ist? Und wenn man auf die Sicherheitsfrage im engeren Sinne zurückkommt: Vor dem Krieg war Putin von der Nato weniger «eingekreist» als heute, durch den Beitritt Finnlands wurde die russische Grenze mit der Nato um mehr als 1000 Kilometer erweitert. Auf lange Sicht wird dieser Krieg den Russen, und zwar allen, massiv schaden, selbst wenn sie ihn kurz- oder mittelfristig gewinnen.

Bei der Diskussion hierzulande über mögliche Kriegsenden hört man aus der Politik meist wolkige Sätze wie: Die Ukraine muss den Krieg gewinnen oder darf ihn nicht verlieren. Gleichzeitig wird immer darauf hingewiesen, man müsse der Ukraine selbst die Entscheidung überlassen, wann und wie sie diesen Krieg beendet. Wie überzeugend ist dieses Argument eigentlich, wenn man bedenkt, dass die Ukraine diesen Krieg aus eigener Kraft, ohne Unterstützung insbesondere der Amerikaner, gar nicht zu führen in der Lage wäre?

Die Ukraine ist der Staat, der sich verteidigt. Die entscheidende Frage ist: Wie lange will sie sich verteidigen und zu welchen Bedingungen? Die Antwort darauf muss in Kiew und in der ukrainischen Gesellschaft fallen. Wir haben das zu respektieren. Erst davon losgelöst stellt sich die Frage: Inwieweit sind wir bereit, die Ukraine zu unterstützen – und mit welchem Ziel? Heißt gewinnen, dass die Ukraine die russischen Truppen auf den Stand vom 23. Februar 2022 zurückdrängt – oder noch weiter? Reicht vielleicht schon weniger? Krieg ist ein komplexes soziales Interaktionssystem, in dem sich in kurzer Zeit viel verändern kann – zum Positiven, aber auch zum Negativen. Darüber hinaus ist dieser Krieg auch ein rückkoppelndes System: Die Beobachtung des Krieges wirkt auf den Krieg selbst zurück. Beide Seiten versuchen sich durch Propaganda gegenseitig zu zermürben. Politisch wäre es vor diesem Hintergrund äußerst ungeschickt, sich auf ein konkretes, unverrückbares Kriegsziel festzulegen, weil man sich dadurch der Möglichkeit beraubt, flexibel auf Veränderungen der Lage zu reagieren. Es gibt einen schönen militärischen Spruch: Wir haben dann gewonnen, wenn wir den Krieg für erfolgreich beendet erklären. Die Russen haben ihre strategischen Kriegsziele bereits selbst an die Realität angepasst. Nach der gescheiterten Demilitarisierung und Denazifizierung der kompletten Ukraine geht es ihnen mittlerweile darum, so viel Territorium wie möglich im Osten hinzuzugewinnen bzw. zu halten. Die Ukrainer haben, zumindest was die öffentlichen Verlautbarungen angeht, eine klare Vorstellung von ihrem Sieg, die ich für unrealistisch halte: die Vertreibung des letzten russischen Soldaten von ukrainischem Territorium, die Krim mit eingeschlossen. Hinter verschlossenen Türen spricht die ukrainische Führung sicher anders. Doch nach über anderthalb Jahren Krieg, nach Butscha und der Terrorisierung der ukrainischen Zivilbevölkerung, kann man den Ukrainerinnen und Ukrainern weniger nur schwer verkaufen; die maximalen Kriegsziele sind ein großer Mobilisierungsfaktor.

Wenn wir wollen, dass die Ukraine als souveräner Staat bestehen bleibt und auch künftig die Hoheit über ihre eigene Regierung hat – wie können wir ihr Recht auf staatliche Selbstbestimmung garantieren? Auf dem letzten Nato-Gipfel in Vilnius hat das Bündnis beschlossen, der Ukraine nach Kriegsende Sicherheitsgarantien zu geben, allerdings wieder ohne konkrete Beitrittsperspektive.

Die Ukraine hat in der Nato nicht genügend Unterstützung, um Mitglied zu werden. Gewisse territoriale Konflikte, bestimmte Spannungen werden der Ukraine in den nächsten Jahren ja erhalten bleiben. Viele Nato-Mitglieder haben deshalb die Befürchtung, dass nach einem Beitritt der Artikel 5 des Nato-Vertrags schneller virulent werden würde, als es ihnen lieb ist – in Form einer direkten Konfrontation mit Russland. Davor schrecken zu viele zurück. Deswegen sehe ich nicht, dass die Ukraine auf absehbare Zeit Nato-Mitglied werden wird. Der Gipfel in Vilnius hat meine Skepsis diesbezüglich bestätigt. Wenn ich die

Frage der Realisierbarkeit aber einmal beiseitelasse, dann denke ich allerdings, dass die baldige Aufnahme der Ukraine in die Nato, natürlich erst nach Beendigung des Krieges, die einzige wirklich harte Sicherheitsgarantie ist, die der Westen der Ukraine geben kann. Nur die Nato-Mitgliedschaft hat das Potenzial, die Russische Föderation sicher davon abzuschrecken, die Ukraine erneut zu überfallen.

Ähnlich skeptisch bin ich bei einer raschen Aufnahme der Ukraine in die Europäische Union. Nicht nur, weil es mit Art. 42 (7) des Lissaboner Vertrages auch in der EU eine Beistandsklausel gibt. Man wird der Ukraine kaum ein Fast-Track-Verfahren ermöglichen, also eine schnelle Aufnahme unter Missachtung sämtlicher Kriterien, die man jedem anderen Anwärterstaat aufzwingt. Und ohne ein solches Fast-Track-Verfahren wird es lange dauern, bis die Ukraine alle Anforderungen erfüllt. Zudem ist es auch die Frage, wie dieser Konflikt endet. Nehmen wir einmal an, den Russen gelingt es, vom Donbas über die Landbrücke bis hin zur Krim alle annektierten Gebiete zu halten. Dann nähme die EU eine Ukraine auf, deren wichtigste Einnahmequellen nicht mehr existieren: die Schwerindustrie im Donbas, die unter russischer Kontrolle oder zerstört ist, und der Getreideexport, der über den Landweg zu teuer wird. Es handelte sich um einen Staat, der über die nächsten 30 Jahre mit massiven Summen subventioniert werden müsste, um ihn am Leben zu halten und wieder aufzubauen. Die EU als Ganzes wird dafür keine Bereitschaft aufbringen, trotz aller netten Worte, die im Moment ausgetauscht werden.

Aber zurück zur eigentlichen Frage: Eine Nukleargarantie durch die Vereinigten Staaten ist die einzige halbwegs sichere Möglichkeit zur Lösung des Sicherheitsproblems der Ukraine; eine solche hätte jedoch – wie zum Beispiel auch die für Polen und die baltischen Staaten – immer ein Glaubwürdigkeitsproblem. Ich kann mir nicht vorstellen, dass die Bevölkerung der

USA bereit wäre, einen Nuklearkrieg mit der Russischen Föderation für ein Nato-Mitglied in Osteuropa zu riskieren. Deshalb unternehmen die baltischen Staaten auch alles, dass möglichst viele Nato-Soldaten aus anderen Ländern auf ihrem Territorium stationiert werden, während die Polen auf eine noch größere Präsenz amerikanischer Truppen auf ihrem Territorium drängen. Beide Modelle werden für die Ukraine nicht gangbar sein, das werden sich die Russen niemals abverhandeln lassen. Bleibt die Option, dass sich die Ukraine eigene Nuklearwaffen verschafft. Sollte das Land keine glaubwürdigen Sicherheitsgarantien bekommen, und solche gäbe es abseits wertloser Papiere im Grunde nur durch eine Nato-Mitgliedschaft, dann ist es in der Tat nicht auszuschließen, dass die Ukraine versucht, eigene Nuklearwaffen zu produzieren. Das Know-how und das entsprechende Material sind in dem Land dafür noch vorhanden. Besonders realistisch scheint mir das aber nicht zu sein. Unabhängig von der Frage der nuklearen Sicherheitsgarantien muss die Ukraine in jedem Fall künftig bis an die Zähne bewaffnet werden, so dass sie in der Lage ist, eine konventionelle abschreckende Wirkung auf die Russische Föderation zu entfalten.

Welche Rolle kann China in diesem Konflikt spielen?
Eine sehr wichtige, mäßigende Rolle. Die Chinesen haben bei der Generalversammlung der Vereinten Nationen sehr deutlich gemacht, dass sie eine nukleare Eskalation nicht akzeptieren werden. Ein wichtiges Signal war das gemeinsam unterschriebene Kommuniqué anlässlich des G20-Gipfels auf Bali, wo die USA, die Chinesen und auch die Inder ein gemeinsames Dokument unterzeichnet haben, das den Einsatz von Nuklearwaffen nachdrücklich verurteilt. Das wirkt mäßigend auf die Russische Föderation. Wir erleben aber auch, dass Russland einen Friedensplan Chinas – der streng genommen kein Friedensplan war – ablehnt. Der Einfluss Pekings scheint also begrenzt, wenn

es um die Frage geht, ob Russland diesen Krieg fortführt oder nicht. Mein Eindruck ist zugleich, dass China einen größeren Einfluss haben könnte, wenn es wirklich wollte. Ich gehe auch davon aus, dass Chinesen und Amerikaner gemeinsam die Schirmherrschaft über Friedensverhandlungen zwischen Russland und der Ukraine haben werden, sobald es dazu kommt. China tritt auf der Weltbühne vermehrt als politischer Akteur auf und hat zum Beispiel die politische Annäherung zwischen Saudi-Arabien und dem Iran in die Wege geleitet. Xi Jinping hat auch schon mit Selenskij geredet, wiewohl die Bande zur Russischen Föderation viel enger sind. Momentan scheint mir China jedoch auch ein Interesse daran zu haben, dass dieser Krieg genauso läuft, wie er gerade läuft, weil er die Amerikaner mit vielen Ressourcen in Europa bindet, obwohl sie sich eigentlich lieber auf Asien konzentrieren würden.

Wenn man sich die Friedensappelle anschaut und die Dringlichkeit ihrer Sprache, dann bekommt man den Eindruck, dass ihre Verfasserinnen und Verfasser davon ausgehen, Deutschland könne Friedensverhandlungen quasi im Alleingang erzwingen. Das wirkt reichlich irreal. Aber was könnte Deutschland auf dem Weg zum Frieden realistisch leisten?

Für ernstzunehmende Verhandlungen braucht es in diesem Konflikt Staaten, die mächtig genug sind, Anreize zu setzen und Bestrafungen anzudrohen für ein mögliches Fehlverhalten. Dafür ist Deutschland zu schwach. Wir können bei solchen Verhandlungen eine flankierende Rolle spielen, etwa mit Blick auf den ökonomischen Wiederaufbau der Ukraine. Aber zu der eminent wichtigen Frage nach Sicherheitsgarantien für die Ukraine haben wir schon nichts mehr beizusteuern. Verhandlungen sind ein dynamischer Prozess, in dem sich die unterschiedlichen Staaten verhaken können. Diese Knoten kann man manchmal diplomatisch auflösen, aber wirksamer sind in der Regel Anreize und Strafandrohungen. Dazu braucht man die nötigen Machtmittel, über die ein deutscher Bundeskanzler nicht verfügt. Ich glaube aber auch nicht, dass die deutsche Politik sich in dieser Frage überschätzt. Vielmehr stimmt sich der Bundeskanzler in allen Fragen zum Ukrainekrieg eng mit dem amerikanischen Präsidenten ab. Vor Kriegsausbruch hat die Bundesregierung diplomatische Initiativen unternommen, um Schlimmeres zu verhindern, auch weil sie sich, nicht zuletzt wegen der engen Energiepartnerschaft, in einem besonderen Verhältnis zu Russland wähnte. Man könnte jetzt ewig darüber sinnieren, inwiefern die Vorstellung von einer besonders tiefen Beziehung zu Russland ein historisch tradiertes Problem der Deutschen ist. Aber nützt es irgendwas? Scholz telefoniert weiter mit Putin, um ihn zur Räson zu bringen, und das ist in Ordnung. Aber es bewirkt offensichtlich wenig, und in möglichen Friedensverhandlungen mit der Nuklearmacht Russland wird die Rolle der Bundesregierung aus machtpolitischen Gründen begrenzt bleiben.

Wenn wir gerade bei Anreizen und Strafandrohungen angekommen sind: Wie wirksam war die bisherige Sanktionspolitik des Westens gegenüber Russland?

Sanktionen sind ein geeignetes Mittel der Bestrafung, aber man weiß, dass sie lange brauchen, um zu wirken. Man braucht auch hier einen langen Atem. Diese Tatsache kommt im öffentlichen Diskurs in Deutschland eindeutig zu kurz, so dass manche Teile der Bevölkerung vielleicht denken, die Sanktionen seien wirkungslos, weil die russische Wirtschaft nach einem halben Jahr noch nicht zusammengebrochen war. Ich sehe zwei Probleme bei der bisherigen Sanktionspolitik gegenüber Russland: Zum einen überwachen wir die Implementation nur unzureichend, zum anderen haben wir uns noch nicht getraut, die höchste Stufe auf der Eskalationsleiter zu erklimmen – die Gazprombank wurde bis heute nicht sanktioniert, Russland ist immer noch Teil des internationalen Zahlungsverkehrssystems Swift. Momentan sieht es danach aus, als wären die Sanktionen nicht besonders effektiv, weil Russland auf Kriegswirtschaft umgestellt hat und dadurch künstliches Wachstum erzeugt. Allerdings machen sich die Sanktionen im Hochtechnologiebereich bereits bemerkbar. Die russische Rüstungsindustrie gerät unter Druck, weil ihr die Halbleiterchips fehlen. Chinesen und Inder können hier nur bedingt einspringen. Deshalb kratzen die Russen die fehlenden Elektronikteile mittlerweile schon aus ihren Kühlschränken. Kurzum: Die Sanktionspolitik zeigt bisher eine gemischte Bilanz, aber sie braucht einfach Zeit, um den Russen richtig wehzutun. Im Kampf gegen autoritäre Staaten bedarf es sogar noch größerer Geduld, weil Teile der Sanktionen auf die Bevölkerung abgewälzt werden können, während die Machteliten verschont bleiben.

Ein nachvollziehbares ukrainisches Bedürfnis besteht darin, jene Machteliten im Kreml nach Kriegsende für ihren verbrecherischen Krieg juristisch zur Rechenschaft zu ziehen. Halten Sie das für realistisch?

Damit diejenigen, die für den verbrecherischen Krieg in der Ukraine verantwortlich sind, vor dem Internationalen Strafgerichtshof landen, muss mindestens ein Regimewechsel in Russland stattfinden. Sonst wird die Auslieferung der politisch Verantwortlichen auf keinen Fall Teil von Verhandlungen sein. Man kann mit Putin schlecht darüber verhandeln, ob er in Den Haag erscheint oder nicht, auch nicht mit Blick auf bestimmte russische Kommandeure – unabhängig von der Tatsache, dass Russland das Römische Statut ohnehin nie unterschrieben und akzeptiert hat. Genauso unrealistisch ist, dass Russland Reparationen zahlen wird. Selbst wenn Putin gestürzt wird, werden wir in dieser Hinsicht kein neues Russland bekommen, sondern nur einen Wechsel an der Staatsspitze eines Regimes, das im Großen und Ganzen die gleiche Politik verfolgt wie vorher. Das wahrscheinlichste Szenario ist doch, dass dieser Krieg endet und Putin noch immer an der Macht ist. Damit werden wir in eine Situation hineingeraten, die stark an die 1950er Jahre erinnert. Unsere Hauptaufgabe wird darin bestehen, Russland mit seinen imperialen Ambitionen einzudämmen, also wirtschaftlich zu sanktionieren, dafür zu sorgen, dass seine Armee nie wieder so stark wird, dass sie in der Lage ist, Nachbarn zu überfallen, die Nachbarn so auszustatten, dass sie ein genügend großes Abschreckungspotenzial entfalten, und die politischen, kulturellen, ökonomischen und zivilgesellschaftlichen Beziehungen zu dieser Russischen Föderation auf ein Mindestmaß zu reduzieren. Wir werden in Europa auf lange Sicht vor der Aufgabe stehen, Russland einzuhegen und unsere Sicherheit gegen Russland zu garantieren.

Kapitel 3

«Die Deutschen wollen nicht wahrhaben, in welcher Welt sie leben»

Andrij Melnyk

Bipolarität oder Multipolarität: Was folgt auf die Weltunordnung?

In der Welt der Globalisierung hatten sich die Deutschen gut eingerichtet. Die Exportnation profitierte von der Liberalisierung des Welthandels, und die Probleme der Welt schienen weit weg. Zumindest so weit, dass man sie ohne größere Konsequenzen ignorieren konnte. Dann kamen die Pandemie, der russische Angriffskrieg auf die Ukraine und die zunehmenden Spannungen mit China. Nicht wenige scheinen sich nach der Welt zurückzusehnen, in der wir noch 2019 lebten. Ist das eine realistische Option? Handelt es sich bei den Turbulenzen, die wir seit 2020 erleben, um vorübergehende Erscheinungen, oder hat sich etwas Grundsätzliches verschoben? Anders gefragt: Wäre die Welt wieder in Ordnung, wenn nur Xi oder Putin abtreten würden?

Dieses «Wenn» ist ein sehr großes «Wenn». Und selbst falls Putin und Xi tatsächlich abtreten sollten, ist die Wahrscheinlichkeit um ein Vielfaches höher, dass neue Despoten an ihre Stelle treten, keine Demokraten im Dienst einer globalen Verwirklichung der Menschenrechte. Es wäre sehr verkürzt, die Probleme der Welt nur auf zwei Individuen reduzieren zu wollen. Ich glaube leider, dass die Hoffnung irreal ist, wir könnten in naher Zukunft die alte, für Deutschland so vorteilhafte Welt zurückbekommen, auch wenn nicht wenige sie insgeheim zu hegen scheinen. Die Welt, wie wir sie kannten, wird so schnell nicht wiederkehren, vielleicht auch nie.

Im Bereich der internationalen Politik findet seit Jahren ein fundamentaler Wandel statt. Das Konzept der liberalen Weltordnung, das nach dem Ende des Zweiten Weltkriegs auf- und stetig ausgebaut wurde, wird von immer mehr Staaten auf dieser Welt – von Regionalmächten und Ländern mit globalen Ambitionen – nicht länger akzeptiert, auch weil es sich selbst diskreditiert hat, da sich die westlichen Staaten, allen voran die USA, nicht immer an ihre eigenen Prinzipien gehalten haben. Demgegenüber sind wir nun in ein Zeitalter der Deglobalisierung eingetreten, in dem die USA, aber auch kleinere Mächte wie die Bundesrepublik Deutschland ihre Abhängigkeit von der Volksrepublik China zu verringern suchen. Und die Chinesen streben ihrerseits nach Unabhängigkeit von westlicher Technologie, was sich seit einigen Jahren an ihrer Strategie «Made in China 2025» zeigt. Die Globalisierung in ihrer extremen Form, wie wir sie in den letzten 30 Jahren erlebt haben, neigt sich folglich unweigerlich ihrem Ende zu.

Gleichzeitig gibt es tektonische Verschiebungen im internationalen Mächtesystem. Die USA verlieren relativ an Macht – ein Prozess, der kaum aufzuhalten ist, während die Chinesen relativ an Macht gewinnen. China tritt seit Jahren global zunehmend aggressiv auf, um seine wirtschaftlichen Interessen durchzusetzen, und im Indopazifik erhöht es auch sein militärisches Drohpotenzial. Die Neue Seidenstraße ist ein Projekt, das, wenn es erst einmal vollständig realisiert ist, die Welthandelsströme komplett verändern kann, und zwar in Richtung Asien mit Peking als Zentrum. Diese ganzen Entwicklungen sind nachhaltig, und sie laufen einer Rückkehr zu der liberalen Weltordnung, wie wir sie kannten, entgegen. Es wird vielleicht Fragmente geben, die weiter überleben, aber es wird sie nicht mehr geben als Leitlinie, an der sich die Staatenwelt orientiert.

Es fällt auf, dass westliche Politiker inzwischen auch eher von der «regelbasierten Ordnung» sprechen als von der «liberalen Weltordnung».

Ich glaube, damit reagiert man auf die weitverbreitete Ablehnung der «liberalen Weltordnung», mit der viele Staaten vor allem westliche Doppelmoral verbinden. Aber der Begriff «regelbasierte Ordnung» ist letztlich eine Chimäre, denn es handelt sich im Grunde um eine Tautologie. Jede Ordnung ist regelbasiert, ohne Regeln keine Ordnung. Insofern wird jede Ordnung, die wir künftig im internationalen Bereich bekommen werden, regelbasiert sein. Nur ist davon auszugehen, dass diese Regeln nicht mehr in unserem Interesse sein werden, so wie wir das von der liberalen Weltordnung kennen. Auch im Dschungel gibt es Regeln: Dort herrscht keineswegs Chaos, sondern dort gilt das Recht des Stärkeren. Aber das ist ganz sicher nicht das, was zum Beispiel Frau Baerbock meint, wenn sie von der regelbasierten Ordnung spricht. Sie meint unsere Regeln, die liberale Weltordnung, und außerhalb des Westens versteht man das auch so. Man benutzt den Begriff nur nicht mehr, weil er diskreditiert ist.

Die Chinesen zum Beispiel würden immer behaupten, sich an die im Völkerrecht kodifizierten Regeln zu halten – allerdings an eine Interpretation, in der vor allem die Wahrung staatlicher Souveränität im Vordergrund steht. Dabei geht es ihnen um das Gebot der Nichteinmischung in die inneren Angelegenheiten eines anderen Staates. Aus westlicher Perspektive hat sich das Völkerrecht in den 1990er Jahren zum Beispiel durch den Grundsatz der «Responsibility to Protect» weiterentwickelt. Demnach gibt es bestimmte Situationen, in denen die internationale Gemeinschaft nicht nur das Recht, sondern auch die Pflicht hat, sich in innere Angelegenheiten eines anderen Staates einzumischen, wenn dessen Regierung nicht willens oder nicht in der Lage ist, etwa die Rechte bestimmter Gruppen oder Minderheiten zu schützen. Nach der chinesischen oder russischen Sicht hat ein Staat hingegen das Recht, innerhalb seiner eigenen Grenzen zu tun und zu lassen, was er will, ohne von einem anderen Staat daran gehindert zu werden.

Nun ist es nicht weiter verwunderlich, dass ein autoritärer Staat wie China, der eine muslimische Minderheit wie die Uiguren drangsaliert und in Lagern interniert, ein Interesse am Prinzip der Nichteinmischung hat.

Ja, natürlich. Das Interessante ist aber, dass auch demokratische Staaten wie Brasilien, Indien, Südafrika oder Indonesien dieser Interpretation anhängen. Die liberale, westlich dominierte Weltordnung wird eben auch von vielen nicht-autoritären Staaten nicht mehr als Leitlinie akzeptiert. Und das führt mich zu einem in den USA, der Bundesrepublik und anderen europäischen Staaten weitverbreiteten Missverständnis, nämlich dass die zukünftige Scheidelinie der internationalen Politik zwischen Demokratien und Autokratien verläuft. Bei genauerem Hinsehen muss man vielmehr zu dem Schluss kommen: Sie verläuft zwischen Status-quo-Mächten, die die liberale Weltordnung aufrechterhalten bzw. wiederherstellen wollen, so wie sie einmal war, und revisionistischen Mächten, die diese Ordnung grundlegend verändern wollen. Mein Lieblingsbeispiel ist in diesem Zusammenhang Vietnam: ein autoritärer, kommunistischer Staat, der sich jedoch vom ebenfalls autoritären China bedroht sieht. Wenn meine Scheidelinie nun zwischen Demokratien und autoritären Staaten verläuft, dann fällt Vietnam als potenzieller Partner zur Ausbalancierung des chinesischen Aufstiegs weg, weil es ein autoritärer Staat ist. Wenn es aber um Status-quo-Mächte und revisionistische Staaten geht, dann findet sich Vietnam im Lager der Status-quo-Mächte. Ich halte es daher für einen großen Fehler, dass die National Security Strategy der Biden-Administration allein auf die Dichotomie zwischen Demokratie und Autokratie in der internationalen Ordnung abhebt – eine viel zu kurzsichtige Problemanalyse, die sich leider auch durch viele Reden der Bundesaußenministerin Baerbock zieht.

Die von ihnen genannten revisionistischen Demokratien wie Brasilien, Indien usw. waren früher allesamt Kolonien, keine Kolonialmächte. Wird die liberale Weltordnung dort womöglich sogar als ein Residuum von Kolonialismus bzw. Imperialismus gesehen?

Zu dieser nicht unberechtigten Wahrnehmung haben die USA und auch einige europäische Mächte durch ihr Verhalten vielerorts selbst beigetragen. Weil sie auch im Zeitalter der Dekolonialisierung zu oft immer noch wie Kolonialmächte aufgetreten sind. Weil sie auf die Empfindlichkeiten der Kolonisierten – zu denen ja auch die Chinesen gehören – zu wenig Rücksicht genommen haben. Und weil sie durch ihre Politik den Verdacht geschürt haben, dass die von ihnen propagierte Weltordnung vor allem ihren eigenen Interessen dient. Dennoch glaube ich, dass die Staaten des sogenannten globalen Südens einen Fehler machen, wenn sie dem chinesischen Narrativ auf den Leim gehen, dass die zukünftige Ordnung eine multipolare sein werde, in der es verschiedene regionale Machtzentren gebe. Das Ziel der Chinesen besteht eindeutig darin, über das Zwischenspiel einer bipolaren Ordnung mit den USA in ein neues unipolares Zeitalter einzutreten, in dem China die Zügel der Weltpolitik in der Hand hält. Und wenn man sich die Machtverteilung anschaut im internationalen System, dann spricht viel dafür, dass am Ende des Tages, wenn die aktuelle Weltunordnung überwunden wird, wir zumindest eine neue Bipolarität sehen mit den beiden Polen USA und China – falls es den Vereinigten Staaten nicht gelingt, den Aufstieg Chinas zu verlangsamen oder hinauszuschieben. Multipolarität ist meines Erachtens ein taktischer Begriff, den die Chinesen benutzen, um sich die Vorbehalte gegenüber einem zu starken amerikanischen und westlichen Einfluss zunutze zu machen, die vielerorts noch aus den Traumata der Kolonialzeit gespeist werden. Wenn die Chinesen sagen würden: «Arbeitet mit uns auf eine neue Bipolarität hin, wo wir und die Vereinigten Staaten über allen anderen stehen» – wer würde sich ihnen dann anschließen? China propagiert das multipolare Zeitalter nur, um auf dem Weg zur Dominanz genügend Verbündete um sich zu scharen.

Ich denke im Übrigen, dass auch die Bundesregierung den Begriff der Multipolarität taktisch nutzt. In Berlin ist man sich meines Erachtens durchaus der Tatsache bewusst, dass die neue Weltordnung eine bipolare sein wird. Durch die Verwendung des Bildes einer zukünftigen multipolaren Weltordnung, wie es zum Beispiel auch in der Nationalen Sicherheitsstrategie vorzufinden ist, suggeriert man den großen Mittelmächten, dass man sich ihrer Wunschvorstellung anschließt, um sie als mögliche zukünftige Kooperationspartner nicht zu verprellen.

Wenn man auf die Machtpotenziale schaut, die Wirtschaftskraft, die Rüstungsausgaben, die Perspektiven, scheint eine Tendenz Richtung bipolarer Ordnung durchaus plausibel. Auch in der alten Bipolarität zwischen der Sowjetunion und den USA erfasste diese nicht den gesamten Globus. Auch damals gab es eine Blockfreienbewegung. Dennoch stellt sich die Frage, ob China überhaupt stark genug ist, um dauerhaft der zweite Pol neben den USA zu werden. Indien etwa hat inzwischen eine größere Bevölkerung als China und erlebt selbst gerade ein starkes ökonomisches Wachstum. Ist es nicht doch wahrscheinlich, dass wir eher auf eine multipolare Welt zusteuern? Kann China die ökonomische, demografische und militärische Macht auf die Waage bringen, um der alleinige Gegenpol zu den USA zu werden?

China ist für mich der einzige Kandidat dafür. Es stimmt, dass Indien jetzt erstmals eine größere Bevölkerung besitzt und China ein demographisches Problem hat. Aber dass Indien an das wirtschaftliche Potenzial Chinas herankommen wird, glaube ich nicht. Und es braucht ja auch einen politischen Willen, so eine weltpolitische Rolle zu spielen. Und den sehe ich im Falle Indiens nicht. Es sind die Chinesen, die die Neue Seidenstraße bauen, die sich weltweit Rohstoffe sichern, die Kredite vergeben und jetzt auch zunehmend als politischer Vermittler in Konflikten tätig werden. Bei China ist der Wille zu globaler Dominanz zu erkennen, bei Indien oder Brasilien nicht.

Aber das heißt nicht, dass der weitere Aufstieg Chinas linear verlaufen wird und dass China diese weltpolitische Rolle schon in der Tasche hätte. Die Herausforderung für das riesige Land wird sein, das Wirtschaftswachstum auf hohem Niveau zu stabilisieren. Wenn dies nicht gelingt, droht die Gefahr sozialer Unruhen, von denen wir nicht wissen, wohin sie führen würden. Wie mächtig China wird, hängt nicht zuletzt auch von den USA ab, die sehr viel Energie darauf verwenden, den chinesischen Aufstieg hinauszuzögern. Es ist natürlich möglich, dass es den USA gelingt, China einzudämmen. Aber auch dann bekommen wir keine echte multipolare Welt, weil es dazu Akteure geben müsste, die es an Machtprojektion mit den USA aufnehmen könnten. Und welche Mächte sollten das sein? Wenn China die Welt nicht in eine neue Bipolarität führt, dann gehen wir zurück in eine Konstellation, in der die Vereinigten Staaten noch mal dominant sind, auch wenn sie bei weitem nicht mehr den Einfluss besitzen, den sie etwa Mitte der 90er Jahre hatten. Die Idee einer multipolaren Welt scheint mir wahlweise Propagandainstrument oder Wunschvorstellung zu sein, aber keine realistische Entwicklungsoption.

Sie haben eben gesagt, das Ziel der Chinesen sei es, über die Bipolarität zu einer neuen Unipolarität zu kommen, mit China als der dominanten Macht. Ist das nicht ein eher unwahrscheinliches Szenario?

An eine neue Form der Unipolarität unter chinesischen Auspizien glaube ich tatsächlich nicht. Dafür wäre wohl ein Krieg vonnöten, aus dem China als Sieger hervorginge, was angesichts des militärischen und nuklearen Zerstörungspotenzials der Amerikaner unwahrscheinlich ist. Das Ziel von Mächten, die sich in einer weltpolitischen Bipolarität gegenüberstehen, läuft natürlich immer darauf hinaus, die andere Seite zu übertrumpfen und einen unipolaren Moment zu schaffen. Bis auf die Anomalie nach 1990 mit den USA als uneingeschränkter internationaler Führungsmacht halten solche Momente jedoch nicht lange, weil sie für viele Staaten eine Bedrohung darstellen. Unipolarität provoziert stets die Bildung von Gegenmacht. Insofern halte ich eine neue Bipolarität für die wahrscheinlichste Perspektive des internationalen Systems.

Doch diese neue Bipolarität wird sich erheblich von der alten Blockkonfrontation zwischen den USA und der Sowjetunion unterscheiden. Der Konflikt zwischen China und den USA ist vorwiegend ein machtpolitischer und erst in zweiter Linie ein ideologischer Konflikt. Zwar gibt es auch ideologische Komponenten, aber China will keinen Systemexport betreiben. Es erhebt nicht den Anspruch, ein Ordnungsmodell zu vertreten, das für die ganze Welt gelten soll. Zudem werden geoökonomische Auseinandersetzungen eine viel größere Rolle spielen als im Kalten Krieg, der vorwiegend militärisch bestimmt war, auch weil schnell klar wurde, dass die Sowjetunion ökonomisch nicht mithalten konnte. Schon damals hatten einzelne Staaten gewisse Spielräume, sich zwischen den Blöcken zu bewegen und dabei punktuell ihren Vorteil zu suchen. Diese Handlungsspielräume werden diesmal noch größer sein, insbesondere auch bei denen, die sich grundsätzlich auf einer der beiden Seiten verorten. Die magnetische Wirkung der Pole wird im Vergleich zu früher geringer sein, sozusagen. Die Staaten des globalen Südens werden je nach Interessenlage mal bei der einen und mal bei der anderen Seite aufschlagen, auch wenn es im Moment danach aussieht, dass sie grundsätzlich auf der chinesisch-russischen Seite landen. Dadurch werden die Blöcke poröser – und deshalb wird die zukünftige Weltordnung auch wesentlich instabiler als die alte Bipolarität. Die beiden Pole werden in ihren aggregierten Machtpotenzialen allen übrigen Akteuren im internationalen System haushoch überlegen sein, aber in ökonomischer Hinsicht, mit Blick auf das nukleare Bedrohungs- und Abschreckungspotenzial und andere Faktoren, wird es wahrscheinlich eine Bipolarität mit multipolaren Einsprengseln geben. Klar ist jedoch: Es wird eine konfrontativere Weltordnung geben. Die Zeiten eines eher an Kooperation ausgerichteten internationalen Systems, wie wir es in den letzten 30 Jahren hatten, ist vorüber.

Gegenwärtig leben wir aber noch nicht in einer neuen Bipolarität, sondern in einer instabilen Übergangsphase des internationalen Systems, in der «Weltunordnung», wie Sie es genannt haben, in der die Zukunft ungewiss ist. Und diese unsichere Welt erlebt nun eine erschreckende Krisendichte und Krisenhäufung, für die sich inzwischen der vor allem von dem britischen Wirtschaftshistoriker Adam Tooze geprägte Begriff «Polykrise» eingebürgert hat. Leben wir in einer Welt der Polykrisen? Und inwiefern unterscheidet uns das überhaupt von früheren Epochen, in denen es ja keineswegs an Krisen gemangelt hat?

Es ist nichts Neues in der Weltgeschichte, dass mehrere Krisen parallel stattfinden. Aber in der Vergangenheit war es möglich, diese Krisen jede für sich isoliert zu bearbeiten und zu lösen. Heute existieren diese Krisen nicht mehr nebeneinander, sondern interagieren miteinander und beeinflussen und verstärken sich gegenseitig – eine Folge unserer modernen vernetzten Welt. Am Beispiel des Ukrainekriegs lässt sich das sehr gut beobachten. So hat die Antwort, die der Westen auf Russland gibt, Auswirkungen auf das Verhalten Chinas in der Taiwan-Frage. Noch deutlicher sieht man das in der Art und Weise, wie die Russen die Frage der Getreideexporte aus der «Kornkammer Europas» nutzen, um diesem streng genommen auf Osteuropa begrenzten Krieg globale Konsequenzen zu verleihen: die globale Erhöhung der Brotpreise mit der Folge einer Hungersnot in den ärmsten Ländern des globalen Südens, die wiederum soziale Unruhen nach sich zieht. Die Möglichkeit, dass bestimmte Akteure heute verschiedene Krisen – etwa die Sicherheitskrise in Europa und die Nahrungsmittelkrise im globalen Süden – bewusst miteinander vernetzen können, erschwert ihre Regulierung immens. Und da sind wir noch nicht einmal bei globalen Krisen wie der Pandemie oder dem Klimawandel, die noch viel komplizierter sind. Letztlich wirkt sich hier auch wieder die «Weltunordnung» aus. Wenn eine internationale Ordnungsmacht fehlt, bekommt man es nur schwer hin, dass alle halbwegs gemeinsam an einem Strang ziehen.

Von Freunden umzingelt: Die strategische Naivität der Deutschen

Polykrisen, Weltunordnung, neue Bipolarität, konfrontatives internationales System: Haben Sie das Gefühl, dass die Deutschen nicht nur physisch, sondern auch mental in jener Welt leben, die Sie gerade beschrieben haben? In der die liberale Weltordnung zerfällt? Oder wollen die Deutschen nicht wahrhaben, in welcher Welt sie leben, wie es der ehemalige ukrainische Botschafter in Deutschland Andrij Melnyk formuliert hat?

Man hat oft den Eindruck, dass die deutsche Gesellschaft in diesen Fragen das Verhaltensschema eines kleinen Kindes aufweist, das sich die Hände vor die Augen hält, um nichts mehr sehen zu müssen, und sich dann auch einbildet, selbst nicht mehr gesehen zu werden. Die Deutschen glauben noch immer, von den positiven Entwicklungen auf der Welt insbesondere im ökonomischen Bereich profitieren zu können und gleichzeitig politisch in Ruhe gelassen zu werden. Diese Vorstellung ist der Größe und der Exponiertheit der Bundesrepublik als lange Zeit dritt- und mittlerweile viertgrößter Volkswirtschaft der Welt nicht angemessen. Der Mentalitätswechsel geht bei uns selbst nach fast zwei Jahren Landkrieg in Europa nicht so weit, dass wir bereit wären, eine unserer ökonomischen Bedeutung entsprechende politische Verantwortung zu übernehmen. Würden wir etwa gegebenenfalls militärisch die freien Handelswege im Indopazifik schützen? Eher weniger, aber wir profitieren enorm davon, wenn andere diese Wege freihalten. Wenn der Iran in der Straße von Hormus Öltanker oder Handelsschiffe bedrängt, ist der Aufschrei hierzulande groß. Aber unsere Gesellschaft ist kaum bereit, einen aktiven militärischen Beitrag zu leisten, um dort die Sicherheit der Seefahrt zu garantieren. Und das ist der Widerspruch zwischen der globalen Rolle der Bundesrepublik Deutschland und der Provinzialität unserer politischen und gesellschaftlichen Debatten.

Damit sind wir in den Jahren vor der Pandemie und dem Ukrainekrieg noch gut gefahren, aber die ökonomischen Verwerfungen des Zeitalters der Polykrisen treffen mittlerweile auch uns. Würden Sie sagen, dass die deutsche Gesellschaft weniger resilient ist als andere europäische Gesellschaften, ja dass sie dazu neigt, sich besonders große Illusionen über die Welt zu machen, in der sie lebt? Nicht nur die deutsche Bevölkerung, sondern vor allem auch die deutsche Politik? Oder ist das ein Phänomen, das man in Europa auch anderswo beobachten kann?

Zunächst gilt: Je weiter eine Gesellschaft in Europa von der Russischen Föderation entfernt liegt, desto weniger resilient ist sie. Finnland, Norwegen, Schweden, die baltischen Staaten und Polen haben längst ein Verständnis von integrierter Verteidigung entwickelt. Dort arbeiten wirtschaftliche, politische, militärische und gesellschaftliche Akteure eng zusammen, um den hybriden Krieg der Russischen Föderation abzuwehren. Dieser beginnt beim Immobilienkauf und setzt sich über Desinformationskampagnen bis zu Attacken auf kritische Infrastrukturen fort. Was die Resilienz gegen solche russischen Angriffe betrifft, sind die eben genannten Staaten viel weiter als Deutschland, Frankreich, Italien oder Spanien, und das liegt ganz einfach daran, dass sie der russischen Bedrohung unmittelbarer ausgesetzt sind. Ihre Gesellschaften wurden darauf trainiert, abwehrbereit zu sein. In Deutschland gibt es in der breiten Bevölkerung kein Bewusstsein für die lauernden Gefahren und auch nur wenig Kenntnisse, wie man sich im Notfall durchschlagen kann. Wenn hierzulande der Strom für drei Tage ausfallen würde, wäre Chaos angesagt, weil kaum jemand wüsste, wie man das Alltagsleben unter diesen Bedingungen aufrechterhalten kann. Das sind alles Fähigkeiten, die man den Leuten beibringen muss, die man mit der Gesellschaft trainieren muss, damit man Redundanzen schafft und Risiken minimiert.

Nun war das auch lange Zeit nicht nötig, weil die Bedrohung nicht so akut war wie beispielsweise im Baltikum. Das ist ja auch der Hintergrund, warum diese Resilienz mit zunehmendem Abstand zur Russischen Föderation abnimmt. Doch spielen bei der von Ihnen diagnostizierten Unwilligkeit, Verantwortung zu übernehmen, auch deutsche Sonderfaktoren eine Rolle? Man hört etwa immer wieder die Begründung, die deutsche Vergangenheit müsse uns skeptisch machen im Umgang mit militärischer Macht.

Das ist eine wohlfeile, vorgeschobene Argumentation. Es versteht sich von selbst, dass von Deutschland nie wieder ein Angriffskrieg ausgehen darf. Aber eine der Lehren des Zweiten Weltkriegs ist, dass es manchmal des entschiedenen Einsatzes militärischer Macht bedarf, um Verbrechen gegen die Menschlichkeit Einhalt zu gebieten. Wir haben uns unsere Position viel zu lange schöngeredet: Der Verweis auf den nationalsozialistischen Militarismus diente dazu, die Rolle militärischer Macht für alle Zeit aus der deutschen DNA herauszudefinieren, und zwar auch in ihrem positiven Verständnis. Man hat vergessen, dass dieses Land durch militärische Macht befreit, der Faschismus durch militärische Macht zerschlagen wurde. Dass wir nach dem Ende des Zweiten Weltkriegs Frontstaat waren und in militärischen Fragen eine restriktive Interpretation unserer Verfassung vornehmen konnten, war sehr bequem. Solange die USA unsere Sicherheit garantierten, entlasteten sie uns davon, auf einer breiten gesellschaftlichen Basis strategisch denken und diskutieren zu müssen. Dieses Privileg wurde nach Ende des Ost-West-Konflikts teilweise erschüttert, als wir durch die Beteiligung der Bundeswehr an Auslandseinsätzen mehr Verantwortung übernehmen mussten. Aber daran haben wir uns zu keinem Zeitpunkt gewöhnt, ja sind mit Blick auf den Einsatz militärischer Macht im Grunde skeptisch geblieben. Denn die Bundesrepublik ist nach 1990 auch in eine trügerische Phase eingetreten, in der wir glaubten, es nur noch mit relativ begrenzten, kleineren Krisen an der weltpolitischen Peripherie zu tun zu haben: Bosnien, der Kosovo, selbst Afghanistan. Dort galt es, einen Flächenbrand zu verhindern, aber wir selbst fühlten uns eigentlich nicht bedroht. Deshalb sahen wir auch keine Notwendigkeit, das Instrumentarium strategischen Denkens und militärischer Macht dauerhaft als Bestandteil des politischen Werkzeugkastens anzuerkennen. Deshalb diskutieren wir in jedem Konflikt die Grundsatzfrage neu: Ist es überhaupt sinnvoll, militärische Macht einzusetzen? Nicht: Ist der Einsatz in diesem oder jenem Fall konkret sinnvoll?

Aber ist das nicht auch verständlich? Nach dem Ende des Ost-West-Konflikts sahen wir Deutschen uns auf einmal «von Freunden umzingelt», so der Ausspruch des damaligen Verteidigungsministers Volker Rühe in den 1990er Jahren.

Es wäre möglicherweise anders gekommen, wenn wir in der Zwischenzeit eine Grenze mit einem uns bedrohenden aggressiven Staat gehabt hätten. Aber faktisch waren wir in der von Volker Rühe ironisch so bezeichneten Luxusposition, dass wir zum ersten Mal in unserer Geschichte an unseren Grenzen nicht bedroht waren. Und das hat uns dazu verleitet, über Fragen militärischer Macht und geostrategischer Konstellationen nicht weiter nachzudenken. Stattdessen haben wir uns darauf konzentriert, die Friedensdividende einzufahren und unsere Exportwirtschaft auszubauen, für deren sicheres Funktionieren wiederum andere zuständig waren. Letztlich haben wir verlernt, strategisch zu denken, und diese strategische Naivität müssen wir schnellstmöglich abstellen, wenn wir in der Welt des 21. Jahrhunderts bestehen wollen.

Können Sie konkrete Beispiele nennen, wo sich diese von Ihnen diagnostizierte strategische Naivität besonders deutlich zeigt?

Ein aktuelles Beispiel ist die Idee einer Städtepartnerschaft zwischen Kiel und der chinesischen Stadt Qingdao, früher die Hauptstadt der deutschen Kolonie Kiautschou, die von den kommunalen Stellen in Kiel verfolgt wurde. Der deutschen Seite war nicht bewusst, dass Qingdao eines der Zentren der U-Boot-Forschung und Unterwasserseekriegsführung in China ist – und in Kiel hat nicht nur die maritime Wirtschaft eine lange Tradition, sondern auch die Ozeanforschung, und vor allem ist Kiel einer der Hauptstützpunkte der deutschen Marine. Es ist seit langem bekannt, dass die Chinesen solche Städtepartnerschaften, die vermeintlich dem kulturellen Austausch dienen, auch immer dazu nutzen, um Wissen und Know-how ihrer «Partner» abzugreifen. Kurzum: Es handelt sich um ein Einfallstor für Spionage. Für diese machtpolitischen Zusammenhänge fehlt auf Länder- oder kommunaler Ebene in Deutschland jede Sensibilität. Ein anderes Beispiel sind chinesische Beteiligungen an deutschen Unternehmen. In der Hochphase der Globalisierung war man oft auch froh darüber, wenn chinesische Firmen strauchelnden deutschen Unternehmen aus der Patsche halfen. Aber auch hier haben die Deutschen lange übersehen, dass es sich dabei nicht nur um rein ökonomisch motivierte Entscheidungen handelte, sondern auch um politische Weichenstellungen, um in wichtigen strategischen Bereichen der deutschen Wirtschaft die Oberhand zu gewinnen und die Beteiligungen im Konfliktfall im chinesischen Interesse auszuspielen. Wir haben diese langfristige Perspektive der Chinesen unterschätzt.

Angela Merkel und Olaf Scholz haben Nord Stream 2 beide als privatwirtschaftliches Projekt verteidigt. Spricht aus solchen Verlautbarungen ebenfalls die strategische Blindheit der Deutschen?

Unternehmen wie Gazprom oder auch Rosneft sind russische Staatskonzerne, die eindeutig im Auftrag des Kremls handeln. Darüber herrscht kein Zweifel, seit Putin vor 20 Jahren den Yukos-Konzern zerschlagen, dessen Eigentümer, den Oligarchen Michail Chodorkowski, ins Straflager geschickt und die russische Energiewirtschaft nach seinem Willen neu geordnet hat, mit Vertrauten an der Spitze der entsprechenden Konzerne. Wir wissen nicht erst seit Ausbruch des Ukrainekriegs, was mit Leuten aus der russischen Politik oder Wirtschaft passiert, wenn sie sich gegen Putin stellen: Sie fallen oft aus heiterem Himmel aus dem Fenster. Ich bezweifle allerdings, dass die deutsche Politik tatsächlich geglaubt hat, bei Nord Stream handele es sich um ein rein privatwirtschaftliches Projekt. Das war eher eine Schutzbehauptung, um der verbreiteten Kritik daran zu begegnen, dass Deutschland auf eine Sonderbeziehung zu Russland setzte. Strategische Blindheit spricht allerdings daraus, dass man noch nach 2014 die Gasspeicher der BASF an einen russischen Staatskonzern verkaufte, wodurch Gazprom in den Besitz ca. eines Viertels der deutschen Gasspeicherkapazitäten gelangte. Strategisch bedeutsame Infrastruktur in die Hand eines fremden Staates zu geben, ist schon bemerkenswert naiv und kurzsichtig.

Das gilt im Übrigen nicht nur für die Gasleitungen, sondern genauso auch für die Kommunikationsinfrastruktur. Es ist hochriskant, beim Ausbau der europäischen 5G-Netze auf einen chinesischen Anbieter wie Huawei zu setzen, auch wenn uns das zunächst wirtschaftlich günstig erscheint. Das Gleiche würde für einen amerikanischen Anbieter gelten, zumal wir in Ericsson und Nokia europäische Alternativen haben. Ein weiteres Beispiel ist die Verkehrsinfrastruktur. Was sind die Konsequenzen, wenn sich COSCO, eine von der chinesischen Regierung gesteuerte Großreederei, an einem Terminal des Hamburger Hafens beteiligt? Der Hamburger Hafen wird zum Teil auch militärisch genutzt, und durch die Beteiligung verschafft man einem chinesischen Unternehmen die Möglichkeit, der chinesischen Regierung bedeutsame Daten zuzuspielen, die diese wiederum im Konfliktfall gegen uns verwenden kann.

Problematisch ist auch die deutsch-chinesische Wissenschaftskooperation. Man weiß schon sehr lange, dass die Chinesen mit ihren Konfuzius-Instituten hierzulande keineswegs nur Gutes im Schilde führen. Unter dem Deckmantel des Wissenschaftsaustauschs werden aus China teils dubiose Wissenschaftler mit eindeutig militärischem Hintergrund hierhergeschickt: ein klassischer Fall von Spionage, getarnt als Forschungskooperation. Was in geisteswissenschaftlichen Orchideenfächern vielleicht noch verschmerzbar ist, kann sich in den Bereichen Maschinenbau und Elektrotechnik zur Gefahr für den Standort Deutschland auswachsen.

Wir sind in eine Phase eingetreten, in der mittlerweile der Westen in vielen Bereichen von China profitieren könnte, weil die chinesische Forschung weiter ist, zum Beispiel beim autonomen Fahren. Ausgerechnet jetzt verordnet der chinesische Staat, die Kooperationen viel restriktiver zu handhaben.

Anders als wir denken die Chinesen eben durch und durch strategisch. Sie haben die Chancen der Liberalisierung des Welthandels und auch der Öffnung der akademischen Welt genutzt, um ihren ökonomischen und politischen Aufstieg zu forcieren – und in dem Moment, in dem die Gefahr entsteht, dass der Wissenstransfer in die andere Richtung geht, schränken sie ihn ein. Das ist das typische Verhalten einer in strategischen und machtpolitischen Kategorien denkenden Großmacht. Wenn wir hier nicht den Kürzeren ziehen wollen, müssen wir uns angewöhnen, alle diese Fragen auf ihre strategischen Konsequenzen abzuklopfen. Das geschieht leider immer noch nicht, trotz der Warnschüsse, die wir vor den Bug bekommen haben.

Aber stimmt eigentlich Ihre Diagnose, dass die Deutschen nicht strategisch denken? Man könnte auch sagen: Die Bundesrepublik verfolgte sehr wohl eine Strategie, und das jahrelang durchaus erfolgreich: Indem sie ihre Wirtschaft und ihre Exporte über alles stellte und ihre Sicherheitsausgaben externalisierte, hat sie ökonomisch maximal profitiert. Die Arbeitslosigkeit wurde weitgehend überwunden, und finanziell stand Deutschland insbesondere in der Ära Merkel durch Handels- und Haushaltsüberschüsse sehr gut da – und das in einer sehr krisenhaften Welt. Das war eine sehr egoistische Strategie, aber war es nicht eine Strategie?

Ja, das kann man durchaus so sehen, aber die Strategiefähigkeit eines Staates zeigt sich auch darin, dass er die Zeichen der Zeit erkennt und das eigene Verhalten an sich verändernde Umstände anpasst. Deutschland hat seine Strategie eines Handelsstaats – d. h., Außenpolitik besteht im Großen und Ganzen darin, dass der Bundeskanzler bzw. die Bundeskanzlerin mit einer Delegation von Wirtschaftsbossen auf Auslandsreise geht, um für die deutsche Exportwirtschaft neue Märkte zu erschließen – stur weiterverfolgt, als sich das glorreiche Zeitalter der Globalisierung bereits dem Ende zuneigte. Die Voraussetzungen für unser Erfolgsmodell waren nicht länger gegeben, aber wir handelten weiter so, als seien die Nullerjahre auf Dauer gestellt: mit einem China, das aufgrund seines Aufholbedarfs auf deutsche Exportgüter angewiesen ist, einem Russland, das wir durch engere wirtschaftliche Verflechtung auf den Geschmack der Demokratie bringen können, einem Amerika als militärischer Schutzmacht und Hüter der liberalen Weltordnung, einem zusammenwachsenden Europa.

Diese Unfähigkeit, die tektonischen Verschiebungen im internationalen System zur Kenntnis zu nehmen und in dynamischen geopolitischen und geoökonomischen Kategorien zu denken, beschränkt sich jedoch keineswegs auf die deutsche Politik, sondern zeichnet auch große Teile der deutschen Industrie aus. In der alten Bonner Republik hatten die großen Wirtschaftsführer einer über Kapitalverflechtungen abgesicherten Deutschland AG noch eine klare Vorstellung weltpolitischer Zusammenhänge; ihr Handeln war langfristig ausgerichtet. Mit dem Siegeszug des Neoliberalismus und der Orientierung börsennotierter Großunternehmen an den Maximen der Finanzmärkte ist allerdings eine neue Manager- und Unternehmergeneration in die Chefetagen der deutschen Wirtschaft eingezogen, die allein an kurzfristigen Gewinnen interessiert ist und der das Verständnis dafür abgeht, wie sich weltpolitische Entwicklungen langfristig auf ihr Geschäft auswirken können. Was in Deutschland fehlt, ist ein großer strategischer Dialog zwischen Wirtschaft und Politik in geopolitischen bzw. geoökonomischen Kategorien. Der Anstoß dazu kann nur vom Staat kommen.

Sie haben den sogenannten Neoliberalismus erwähnt: Begünstigten dessen Glaubenssätze, etwa dass staatlicher Interventionismus dem freien Markt immer unterlegen sei und der Staat sich daher aus der Wirtschaft herauszuhalten habe, die von Ihnen beschriebene strategische Naivität? Heute zeigt sich klarer denn je, dass Staaten mit Wirtschaftsbeziehungen auch strategische Interessen verfolgen. In der neoliberalen Deutung der Globalisierung wurde diese Tatsache regelrecht ausgeblendet.
Die wichtigste Begleiterzählung der neoliberalen Ideologie war das «Ende der Geschichte». In den 1990er Jahren haben viele geglaubt, die Welt befände sich auf einem linearen Entwicklungspfad, an dessen Ende es keine gesellschaftliche Alternative zum Kapitalismus und zur Demokratie mehr geben wird. Die globalisierte Welt rücke durch Handel und freie Märkte auf irreversible Weise zusammen, kenne keine Machtpolitik und auch keine Feinde mehr. Auch dank dieser Illusion haben wir heute Lieferketten und Produktionsprozesse, die sich über den halben Globus erstrecken, haben Produktionsprozesse ausgelagert und neue Märkte geöffnet, ohne darüber nachzudenken, dass die 1990er Jahre durch den Wegfall der Systemrivalität eine historische Ausnahmeperiode waren und die klassischen Prinzipien der Machtpolitik mit hoher Wahrscheinlichkeit irgendwann wieder zurückkehren würden. Dies wurde durch die neoliberale Geringschätzung des Staates noch verstärkt. Denn welcher Akteur außer dem Staat ist in der Lage, strategische Güter vorzuhalten und zu starke Abhängigkeiten von konkurrierenden Mächten zu verhindern? Etwa durch die Kontrolle von Lieferketten und eine gewisse Industriepolitik, die zumindest den Ausverkauf sicher-

heitsrelevanter Unternehmen verhindert und dafür sorgt, dass wir existenziell wichtige Güter in Räumen produzieren oder produzieren lassen, die für uns sicher zugänglich bleiben. Die neoliberale Ideologie war in dieser Hinsicht machtpolitisch und geostrategisch blind.

Zwar zeigte sich schnell, dass die Prognose vom «Ende der Geschichte» und vom globalen Siegeszug der Demokratie ihre Tücken hatte; doch die deutsche Politik und Wirtschaft handelten so, als sei komplett sicher, dass diese Welt der Globalisierung ewig fortbesteht. Dabei haben die großen Autokratien China und Russland ihre ökonomischen Gewinne auch dafür eingesetzt, den Westen und seine Werte zu gegebener Zeit herausfordern zu können. Die Zeichen, dass China seine neue Macht strategisch gegen uns einsetzen würde, sind spätestens seit der Machtübernahme von Xi Jinping unübersehbar. Man hätte wissen können, dass mit dem ökonomischen Aufstieg Chinas auch andere Ambitionen einhergehen. Doch die Deutschen sahen deshalb keine Veranlassung umzusteuern. Wir haben uns in Friedenszeiten zu sehr an das Bild einer kooperativen Weltordnung gewöhnt, wonach sich jede Konfrontation vermeiden lässt, solange man nur die richtigen Anreize setzt: Dann würden schon alle am Verhandlungstisch Platz nehmen und nach einer für alle Seiten vorteilhaften Lösung suchen.

Diese mangelnde strategische Einsicht der Deutschen in den Charakter internationaler Politik war am Ende aber vielleicht weniger naiv als egoistisch. Möglicherweise hoffen wir in unserem tiefsten Inneren noch immer, dass Deutschland ein ökonomischer Nutznießer der globalen Handelsströme bleiben kann, ohne einen Beitrag zur Herstellung kollektiver Sicherheit zu leisten – weil sich die Chinesen dann doch zurückhalten und die Amerikaner in Asien weiter für Sicherheit sorgen werden. Wir wussten bislang immer, dass die USA als westliche globale Ordnungsmacht die Kohlen notfalls auch mit militärischen Mitteln aus dem Feuer holen, wenn der Weg der Kooperation scheitert. Das kann man – zugespitzt formuliert – als deutsches Schmarotzertum in Fragen der internationalen Sicherheit bezeichnen. Als wir dann unsere strategische Kurzsichtigkeit erkannten, waren wir bereits in einigen strategischen Sektoren wie beispielsweise der Chemie- oder Automobilindustrie in einem derart hohen Maße von uns zunehmend feindlich gesinnten Mächten abhängig, dass eine Reduktion dieser Abhängigkeiten nun sehr kostspielig geworden ist.

Wäre eine strategische Neuausrichtung gegenüber China bloß sehr kostspielig, oder ist sie im Grunde gar nicht mehr möglich, ohne einen für eine Demokratie untragbaren Wohlstandsverlust zu produzieren? Viele Konzernchefs warnen davor, unsere China-Politik zu ändern.

Wir sollten auch bei deutschen Firmenchefs die Frage nicht aus den Augen verlieren, welche Interessen sie mit ihren Äußerungen verfolgen. Kurz nach Beginn des russischen Überfalls auf die Ukraine hat etwa Martin Brudermüller, der Vorstandsvorsitzende der BASF, dem *Handelsblatt* ein großes Interview gegeben, und seine Message war: China ist nicht Russland. Wir sollten uns also davor hüten, die Gefahren Chinas für die globale Sicherheit mit der Bedrohung des Weltfriedens durch Putins Russland gleichzusetzen. BASF hat seit Öffnung des chinesischen Markts die größte Einzelinvestition in der Geschichte des Unternehmens in China getätigt – und auch die größte ausländische Direktinvestition in China im letzten Jahr. Manche Spitzenvertreter der deutschen Industrie wollen offenbar einfach bis zur letzten Minute ungestört ihre Geschäfte mit China machen, ganz egal, wie die politische Lage ist. Und sollte China tatsächlich Taiwan überfallen, dann wären wir erneut so unvorbereitet wie beim russischen Überfall auf die Ukraine. So fährt die deutsche Exportwirtschaft das eigene Land gegen die Wand, wie sie es schon bei unserer Abhängigkeit von russischem Gas gemacht hat.

Die Abhängigkeit von russischem Gas wird immer wieder betont, und sie wurde unmittelbar nach dem russischen Überfall auch erhitzt diskutiert, als es um die Frage von Erdgas-Sanktionen ging, die dann ja nicht verhängt wurden. Aber wie groß war diese Abhängigkeit eigentlich wirklich, wenn man in der Lage war, nach nur neun Monaten komplett ohne russisches Gas auszukommen?

Der Zwang zur kurzfristigen Substitution russischen Gases hat jedenfalls dafür gesorgt, dass die im europäischen Vergleich ohnehin schon hohen Energiekosten in Deutschland noch weiter angestiegen sind und die deutsche Wirtschaft im internationalen Vergleich derzeit hinterherhinkt. Aber die von vielen prognostizierte industrielle Kernschmelze hat es dadurch nicht gegeben. Insofern kann man, glaube ich, schon sagen: Die Bundesregierung ist dem Teil der deutschen Unternehmen, der auf billiges russisches Gas setzte, auf den Leim gegangen – und zwar nicht erst in der Debatte um die Sanktionen, sondern schon vorher. Es hätte durchaus Alternativen zu Nord Stream 1 und 2 gegeben und damals vermutlich sogar zu günstigeren Konditionen als heute.

Denselben Fehler darf die deutsche Politik im Umgang mit China nicht wiederholen. Die dort in besonderem Maße aktiven deutschen Unternehmen malen bei jeder Forderung nach einer Reduzierung der Abhängigkeiten von China das Schreckgespenst des wirtschaftlichen Niedergangs an die Wand. Damit wird jede Diskussion über vernünftige Strategien der Risikominimierung im Keim erstickt. Es führt jedoch kein Weg daran vorbei, dass wir ernsthaft darüber nachdenken, inwieweit anderswo – etwa in Brasilien, Indien, Indonesien etc. – Märkte geschaffen werden können, die im Konfliktfall die Folgen abfedern können, wenn der chinesische Markt für uns plötzlich ausfällt. Etwa wenn China auf die Idee käme, der deutschen Automobilindustrie aus politischen Gründen von heute auf morgen den Zugang zum chinesischen Markt zu verwehren, oder umgekehrt mit dem Einfrieren bestimmter Exporte in sensiblen Bereichen droht, etwa bei Seltenen Erden oder pharmazeutischen Vorprodukten.

Diese Strategie des De-Risking mag in den Führungsetagen der in China besonders aktiven deutschen Konzerne noch auf Widerspruch stoßen, aber sowohl Ursula von der Leyen als auch Olaf Scholz haben sich deutlich zu ihr bekannt. Doch wie weit müssen wir da gehen? Braucht es die vollständige Entkopplung von China, das sogenannte De-Coupling? Oder sollten wir in Zukunft vielleicht sogar nur noch mit anderen Demokratien Handel treiben, wie es in den USA unter dem Stichwort «Friendshoring» diskutiert wird?

Es gibt sicher Leute, die meinen es ernst mit der Idee des De-Coupling. Aber im deutschen Diskurs dient sie vor allem als Schreckgespenst, mit der die Debatte über die notwendigen und für einige unangenehmen Schritte der Risikominimierung abgewürgt werden soll. Ola Källenius, der CEO der Mercedes Benz Group, hat zum Beispiel in einem Interview gesagt, dass das komplette De-Coupling, ein «cutting ties» mit China, für die deutsche Industrie «undenkbar» sei. Aber darum geht es eigentlich gar nicht. Es ist allen klar, dass eine komplette Abkopplung von China gar nicht möglich und auch gar nicht wünschenswert ist. Das machen auch die Amerikaner nicht. Die Idee wird einfach deswegen ins Spiel gebracht, weil man über die Alternative nicht reden will: Wie reduzieren wir Abhängigkeiten? Die Mercedes Benz Group ist zu 20 Prozent im Besitz chinesischer Investoren. Der Konzern hat noch 2021 angekündigt, im Rahmen seiner Elektrostrategie im großen Stil Motoren in China fertigen lassen zu wollen. Natürlich passt ein De-Risking nicht zur Konzernstrategie von Mercedes oder BASF. Aber wir sollten die deutsche Wirtschaft nicht von den Konzernen in Geiselhaft nehmen lassen, die eine verfehlte China-Strategie verfolgen.

Die deutsche Wirtschaft ist in bestimmten Sektoren zu abhängig von China. Das ist so lange unproblematisch, wie es sich nicht um strategisch wichtige Sektoren handelt. Wenn Sie Teddybären in China produzieren, können Sie das so lange und so einseitig tun, wie Sie wollen. Sollte es dann zum Konflikt kommen, gehen Sie pleite, aber es wird nicht die ganze deutsche Wirtschaft betreffen. Und Teddys lassen sich auch schnell anderswoher beziehen. Aber zum Beispiel bei Medikamenten sieht das anders aus, ebenso bei der Rüstungsproduktion oder bei Kommunikationstechnologie. Alles, was uns im Konfliktfall verwundbar macht. Denn es ist davon auszugehen, dass China diese Hebel benutzen wird, wenn es darauf ankommt. Denn China ist nicht bloß Partner, Rivale und Wettbewerber, wie es immer so schön heißt. China ist ein strategischer Gegner, auch wenn wir uns davor scheuen, das klar zu benennen. Und daher müssen wir in all den strategischen Bereichen, die zentral sind für die Art und Weise, wie unsere Volkswirtschaften produzieren, die Risiken und Abhängigkeiten reduzieren, soweit es geht. Zumindest aber müssen wir sicherstellen, dass China nicht am längeren Hebel sitzt, dass China immer mindestens so abhängig von uns ist wie wir von China.

Fairerweise muss man aber darauf hinweisen, dass langsam ein Umdenken stattfindet. Die seitens der Bundesregierung im August verkündete Entscheidung, dass der größte Halbleiterhersteller der Welt, der taiwanesische Chip-Konzern TSMC, zukünftig ein Werk in Dresden bauen will, ist neben dem bereits vorher bekannt gemachten Plan von Intel, in Magdeburg oder Wolfsfeld im Saarland ein Werk zu eröffnen, Teil einer De-Risking-Strategie in diesem, für die deutsche und europäische Industrie so wichtigen Segment. Wie so oft, reagiert die Bundesrepublik spät, aber versucht dann, alles richtig zu machen.

Und was halten Sie vom «Friendshoring»?

Diese Strategie beruht auf dem Gedanken, die wirtschaftliche Zusammenarbeit hauptsächlich auf andere liberale Demokratien zu begrenzen. Sie geht also wieder von der Annahme aus, die zukünftige Scheidelinie im internationalen System verlaufe zwischen Demokratien und Autokratien. Wir können unsere Handelsaktivitäten aber nicht bloß auf die Staaten begrenzen, die uns nahestehen und unsere Werte teilen – das führte direkt in die wirtschaftliche Katastrophe, allein weil die Märkte mancher autokratischer Staaten so groß und wichtig sind und auch weil wir dann ganz schnell Engpässe bei zahlreichen Rohstoffen bekämen. Vielmehr sollten wir mit so vielen Staaten wie möglich weitgehend symmetrische Freihandelsabkommen schließen und unsere Handelsbeziehungen diversifizieren. Es mag sein, dass sich am Ende regionale Wirtschaftsblöcke herausbilden mit intensiviertem internen Austausch bei gleichzeitig geringerem Austausch zwischen den unterschiedlichen Blöcken – das ist ein durchaus wahrscheinliches Szenario. Aber wir können uns nicht nur auf die beschränken, die uns ähnlich sind. Das ist keine realistische Strategie.

Liegt nicht auch eine gewisse Ironie darin, dass der Begriff des «Friendshoring» vor allem aus den USA kommt? Denn man hat dort ja gleichzeitig den protektionistischen «Inflation Reduction Act» verabschiedet, der im Effekt europäische Unternehmen zur Abwanderung in die USA ermuntert. Man will «Friendshoring» betreiben …

… verschließt aber gleichzeitig den eigenen Markt für die «friends». Ja, wenn man ernsthaft «Friendshoring» hätte betreiben wollen, hätte der «Inflation Reduction Act» ganz anders aussehen müssen. Man hätte europäische und amerikanische Unternehmen gleichstellen müssen. Und das hätte auch für die anderen demokratischen Partner gelten müssen. Aber gerade das passiert nicht, weil es im Kern um amerikanische Industriepolitik geht. Weder «De-Coupling» noch «Friendshoring» sind praktikable Alternativen. Es muss um Risikominimierung gehen und darum, Redundanzen aufzubauen. Das ist, was wir tun müssen, wenn wir, falls es zum großen Konflikt mit China kommt, nicht wieder blank dastehen wollen.

Und wenn wir zeigen, dass wir einen gewissen Preis dafür zu zahlen bereit sind, dann senden wir damit auch ein deutliches Signal nach China. Nämlich dass wir ein bestimmtes Verhalten nicht tolerieren werden. Das könnte man in einem größeren Rahmen als kleinen Teil einer europäischen Abschreckungsstrategie begreifen, weil dann Fehlkalkulationen, wie sie Putin in Bezug auf die westliche Reaktion auf seine Aggression unterlaufen sind, unwahrscheinlicher werden. Wenn wir unsere strategische Naivität abschütteln wollen, müssen wir uns zu der Erkenntnis durchringen, dass wir in einem potenziellen Konflikt mit China stecken und dass China, wenn der Konflikt denn heiß werden sollte, bestehende Abhängigkeiten ausnutzen kann und wird.

Auf Kollisionskurs: China, die USA und der Kampf um die Vorherrschaft in Asien

Der Historiker Niall Ferguson und der Ökonom Moritz Schularick haben kurz vor der Weltfinanzkrise unter dem Begriff «Chimerica» die Symbiose der Volkswirtschaften Chinas und der USA analysiert: Indem die Chinesen billig Güter produzieren und die Amerikaner sich dafür verschulden, entstehen – dem Gedanken eines «Wandels durch Verflechtung» zwischen Deutschland und Russland durch eine gemeinsame Energie-

partnerschaft nicht unähnlich – unauflösbare Bindungen und gegenseitige Abhängigkeiten. Der* SPIEGEL *sah gar das Zeitalter einer neuen Doppelsupermacht herannahen. Wann ist man in den USA von diesem Glauben abgekommen, und was war der Grund dafür?

Ich denke, das war ein schleichender Prozess, eine sich langsam durchsetzende Erkenntnis. Zum einen spielt sicher eine Rolle, dass sich China gemäß aller Prognosen ab 2025 zur größten Volkswirtschaft der Welt entwickeln wird und damit die USA überholt. Zum anderen war aber auch ein wichtiger Punkt, als die Chinesen unter Xi Jinping anfingen, massiv aufzurüsten und insbesondere in den Bereich der offensiven Rüstung wie Flugzeugträger zu investieren. Solche Waffenpotenziale benötigt man nur, wenn man seine Machtansprüche auch weit außerhalb seiner Grenzen militärisch unterfüttern will. Hinzu kam die künstliche Aufschüttung von Inseln, die das chinesische Territorium bzw. die chinesische Einflusszone künstlich erweitert haben. Und natürlich die zunehmend aggressive Rhetorik gegenüber Taiwan.

China hat in den letzten 20 Jahren alle Vorteile der liberalen Weltordnung mitgenommen, ohne reziprok zu handeln und sein Großmachtdenken hintanzustellen. Dabei war es vielleicht die klügste aufsteigende Großmacht, die wir historisch kennen, indem es sehr viele Staaten erst ökonomisch eingelullt hat, bevor es politisch und militärisch den harten Hund gab. Da waren die Abhängigkeiten dann schon so groß, dass die Gegenreaktionen nicht mehr allzu heftig ausfallen konnten. Die Chinesen waren also viel klüger etwa als das Deutsche Reich vor 1914. Aber ein Angriff auf Taiwan wäre ein großer Fehler. Er wäre vielleicht vergleichbar mit dem Fehler, den das Deutsche Reich 1914 gemacht hat, als es in den Ersten Weltkrieg zog.

Wenn wir einmal die beiden wichtigsten Konfliktherde der internationalen Politik miteinander vergleichen: Gibt es einen Unterschied zwischen Chinas Anspruch auf Taiwan und Putins Griff nach der Ukraine?

Auf den ersten Blick haben wir es in beiden Fällen mit dem ontologischen, aus keinerlei Sicherheitsdilemmata ableitbaren Wunsch zu tun, ein abtrünniges Gebiet ins Reich zurückzuholen, dorthin, wo es aus historischen Gründen vermeintlich hingehört. Allerdings besteht ein zentraler Unterschied dann doch darin, dass die Rückwirkung der freiheitlichen Entwicklung der Ukraine auf Russland für Putin ein Kernproblem darstellt, während das demokratische System in Taiwan für China keine Bedrohung ist. Eher ist es so, dass Xi durch seine Rhetorik die Wiedervereinigung zu einer Prestigefrage macht und sie damit ohne Not mit der Herrschaftslegitimation der Partei verknüpft. Für die Chinesen wäre die Rückholung Taiwans der Abschluss einer natürlichen Entwicklung, die mit der Wiedervereinigung mit Macau und Hongkong Ende der 1990er Jahre begann. Danach wäre China nach eigenem Selbstverständnis wieder komplett, die Nachwirkungen des chinesischen Bürgerkriegs zwischen den Armeen Mao Tse-tungs und Chiang Kai-sheks gehörten der Vergangenheit an. Und natürlich spielt auch die strategische Frage des direkten Zugangs zum Pazifik hinein und die Kontrolle der Taiwanstraße, der Meerenge zwischen Taiwan und dem Festland, einer der meistbefahrenen Schifffahrtsrouten der Welt. Und je nachdem wie der Konflikt ausgeht, erreicht China im globalen Mächtespiel einen höheren Status. Wenn die Chinesen es schaffen, Taiwan gegen den Widerstand der USA einzunehmen, sind sie regionaler Hegemon in Asien. Manche Beobachter verkürzen diese hochkomplexe Auseinandersetzung auf die wirtschaftliche Kontrolle über den in Taiwan ansässigen weltgrößten Chip-Produzenten TSMC. Dieser Faktor mag eine Rolle spielen, aber er ist einer unter vielen.

Ein weiterer zentraler Unterschied zwischen beiden Konflikten liegt zudem in der Haltung der USA. Nach dem russischen Überfall auf die Ukraine hat Präsident Biden sofort klargestellt, dass die USA und die Nato nicht mit eigenen Truppen intervenieren werden. Die Verhinderung eines Dritten Weltkriegs war ein entscheidendes Element seiner Strategie. In Bezug auf Taiwan hat Biden dagegen klargestellt, dass die USA die Insel bei einem Angriff Chinas mit eigenen Truppen verteidigen würden. Damit hat er die jahrzehntelang praktizierte Politik der strategischen Ambiguität, wonach die Frage, ob die USA im Konfliktfall bereit sein würden, Taiwan auch militärisch zu verteidigen, aufgegeben und seine Administration in dieser Frage eindeutig positioniert. Aus meiner Sicht ist das ein Zeichen dafür, wie wichtig die Taiwan-Frage für die gegenwärtige US-Administration ist. Sie hat daher das Potenzial, zu einem militärischen Konflikt zwischen den beiden stärksten Mächten der Welt zu führen.

China unter Xi und Russland unter Putin scheinen gleichermaßen der Überzeugung zu sein, der Westen befinde sich auf dem absteigenden Ast. Doch der Verlauf der Corona-Pandemie hat gezeigt, dass sich die liberalen Demokratien des Westens nach wie vor sehr gut an Krisen anpassen können. Der Vorteil des chinesischen Autoritarismus, anfangs ohne Checks and Balances und größeren gesellschaftlichen Widerspruch Lockdown-Maßnahmen umsetzen zu können, wurde mit zunehmender Zeit zum Nachteil, als rund um die Entwicklung passender Impfstoffe die wissenschaftliche Lösung von Sachfragen in den Vordergrund trat. Da waren westliche Staaten viel adaptionsfähiger, und auch die konzertierte Reaktion auf den Ukrainekrieg hat gezeigt: Der Westen ist doch nicht so schwach. Könnte es nicht sein, dass China seinen Konfrontationskurs vor diesem Hintergrund ändert?

Auf dem 20. Parteitag der Kommunistischen Partei Chinas im Oktober 2022 hat Xi Jinping Gelegenheit gehabt, Lehren aus dem russischen Aggressionskrieg zu ziehen. Das hat er auch getan – aber andere, als wir gehofft hätten. Der Tenor war exakt derselbe wie in seiner Rede auf dem 19. Parteitag fünf Jahre zuvor: Taiwan muss zurück, gegebenenfalls auch unter dem Einsatz militärischer Mittel. Xi hat seinen Admiralen und Generalen unter Verweis auf den Ukrainekrieg zwar deutlich gemacht, dass regionale Konflikte nur schwer zu gewinnen sind, aber seine unmissverständliche Botschaft war: Ihr müsst eben besser werden! Kein Anzeichen von Mäßigung oder nachdenklicher Reflexion. Xi wurde auf dem Parteitag überdies in seiner Position gestärkt, das Politbüro der Partei besteht nur noch aus seinen Gefolgsleuten. Kurz vor einer wichtigen Abstimmung hat er seinen Vorgänger Hu Jintao sogar aus dem Saal eskortieren lassen, um den Bruch mit dem bisherigen, zurückhaltenden China zu demonstrieren. Theoretisch kann man natürlich den Gedanken durchspielen, dass Xi angesichts des russischen Desasters und der neuen Einigkeit des Westens seine Politik ändert. In der Realität sehe ich dafür aber keine Anhaltspunkte. Ich denke eher, dass die Hochgeschwindigkeitszüge USA und China weiter aufeinander zurasen werden.

Das ist ein sehr pessimistisches Szenario …
Wenn Sie optimistische Szenarien hören wollen, müssen Sie mit jemand anderem reden …

Sehen Sie dazu keine Alternative? Folgt man der neorealistischen Theorie, müsste sich ein aggressiver Staat durch Gegenmachtbildung abschrecken lassen.
Ja, das ist die einzige Alternative, und genau diese Gegenmachtbildung treiben die USA gegenwärtig voran, damit Peking vom Konfrontationskurs abweicht. Deshalb üben die Amerikaner ei-

nen solchen Druck auf die Europäer aus, ihre Politik zu ändern, und deshalb vollziehen die Japaner jetzt ihre eigene militärische Zeitenwende mit massiven Rüstungsinvestitionen. Dagegen ist die deutsche Zeitenwende ein Kindergeburtstag. Hinzu kommt die neue Indopazifik-Allianz zwischen den USA, Großbritannien und Australien. Ob dies alles ausreicht, um China in seinen imperialen Ambitionen zu bremsen, ist die zentrale Frage.

Die meisten, die sich mit Kriegssimulationen beschäftigen, sagen: Wenn China in den nächsten zwei, drei Jahren Taiwan angreift, würden die Amerikaner diese Auseinandersetzung gewinnen. Aber der Preis wäre sehr hoch. Denn die USA unterhalten auf Taiwan, das nur 160 km vom chinesischen Festland entfernt liegt, keinen Militärstützpunkt. Jede Hilfe müsste «von außen» kommen, gestützt auf das dichte Netz an Militärbasen, über das die USA in dieser Region verfügen (z. B. Japan, Südkorea sowie die Philippinen). Und damit stellt sich die Frage, deren Antwort vor allem die Chinesen interessiert: Werden die Amerikaner bereit sein, diesen enorm hohen Preis zu zahlen für die Freiheit einer aus chinesischer Perspektive relativ kleinen Insel? Je nachdem wie die Chinesen diese Frage beantworten, werden sie ihre Entscheidung treffen.

Gäbe es nicht doch auch andere Möglichkeiten, China wieder zu einer kooperativeren Haltung gegenüber dem Westen zu bewegen? Etwa durch einen Kompromiss, also durch eine amerikanische Entspannungspolitik? Kann es nicht sein, dass China nur deswegen aggressiv auftritt, weil es befürchtet, dass die USA sie in ihrer wirtschaftlichen Entwicklung behindern wollen, um selbst die mächtigste Nation der Welt zu bleiben? Man darf ja auch nicht vergessen, dass in China noch das Trauma der Kolonialzeit nachwirkt, das ein großes Misstrauen gegenüber dem Westen bewirkt.

Zum einen würde das einen Kompromiss über Regeln, Normen

und Institutionen der internationalen Politik voraussetzen, und das halte ich für unwahrscheinlich. Dafür wäre die Bereitschaft der Vereinigten Staaten vonnöten, ihr Denken und Handeln grundsätzlich zu ändern. Im Moment glauben die Amerikaner, dass sie ein Szenario aktiv abwenden können, in dem China genauso stark wird wie sie oder noch stärker. So kommunizieren und handeln sie auch. Um China zu einer stärkeren Kooperation zu bewegen, müssten sie hingegen auf ihre noch immer herausgehobene Stellung in der internationalen Politik aktiv verzichten und einen anderen Staat bei der Regelung internationaler Fragen als gleichberechtigt anerkennen, obwohl die machtpolitischen Voraussetzungen dafür noch nicht gegeben sind. Aber Großmächte wie die USA ticken anders und geben ihre Macht nicht freiwillig ab.

Zum anderen müssen wir uns vor Augen halten, was so ein Kompromiss beinhalten müsste, damit die Chinesen ihn akzeptieren. Mein Eindruck ist, dass die Chinesen in dem Moment zufrieden wären, wenn sie Taiwan eingegliedert haben, die Amerikaner sich weitgehend aus Asien zurückziehen und in der internationalen Politik neue Normen und Regeln gelten, vielleicht im Sinne einer Rückkehr zum alten Souveränitätsbegriff. Danach würden sie sich möglicherweise darauf einlassen, gemeinsam mit den Amerikanern als Wächter des internationalen Systems zu fungieren. Wenn sich die Amerikaner aus Asien zurückzögen und ihre Verbindungen zu den Japanern und Südkoreanern schwächten, käme das machtpolitische Gewicht Chinas in der Region viel stärker zur Geltung. Allein wären die anderen Staaten im Indopazifik nicht dazu in der Lage, genügend Gegenmacht zu China aufzubauen. Dann übte China die regionale Hegemonie über eine der wichtigsten ökonomischen Zonen dieser Welt aus und wäre auf Augenhöhe mit den USA. Das wäre aber eine ähnliche Konstellation, wie wenn man Russland die Hegemonie über Europa überließe, wie es Jelzin einmal scherzhaft von Clinton verlangt hat. Die Staaten Asiens wünschen sich ebenso wenig eine chinesische Hegemonie wie die Staaten Europas eine russische. Das wäre dann eine ganz andere Weltordnung, wenn man diese Ansprüche respektierte.

Aber tragen nicht auch die USA Verantwortung für die Eskalation in der Taiwan-Frage? Sie haben darauf hingewiesen, dass Washington unter Präsident Biden seine Haltung zur Verteidigung Taiwans geändert und die bisherige Ambiguität aufgegeben hat. Zudem hat der Besuch von Nancy Pelosi auf der Insel im August 2022 China provoziert, das mit umfangreichen Militärmanövern antwortete. Reagiert Peking in der Taiwan-Frage also vielleicht auch auf die Politik der USA? Droht Taiwan zum Spielball zu werden im machtpolitischen Konflikt der beiden Supermächte des 21. Jahrhunderts?

Natürlich spielt der machtpolitische Konflikt zwischen Peking und Washington eine Rolle bei der Veränderung der US-Politik gegenüber Taiwan. Präsident Biden ist sicher bewusst, dass er hier keine Schwäche zeigen kann, ohne dass sich das machtpolitische Gleichgewicht in der Region zugunsten Chinas verändert. Daher hält er bewusst dagegen.

Aber es wäre ein Irrtum zu glauben, dass die Eskalation in der Taiwan-Frage von den USA ausgeht. Diese hat zwei Wurzeln: zum einen die Ambitionen Xi Jipings und zum anderen Veränderungen innerhalb Taiwans. Auf der Insel wächst seit Jahren das Gefühl einer eigenständigen taiwanischen Identität, und die Bereitschaft zu einer Wiedervereinigung mit China nimmt ab. Seit 2016 bestimmt dort zudem mit Präsidentin Tsai Ing-Wen die Demokratische Fortschrittspartei die Politik. Diese stellt bewusst das «Ein-China-Prinzip» infrage. Wenn die chinesische Politik auf etwas reagiert, dann auf diese inneren Entwicklungen auf Taiwan. Und auch Washington muss sich entscheiden, wie es mit diesen neuen Realitäten umgeht. Nun kann man sich die

Zeiten zurückwünschen, in denen Taiwan kompromissbereiter war gegenüber Peking, weil das für uns vieles einfacher machte. Aber das würde erneut unter die Rubrik «strategische Naivität» fallen. Denn wir können uns die Realität nicht so backen, wie wir sie gerne hätten. Die Menschen auf Taiwan haben ein Recht darauf, selbst zu bestimmen, wie sie leben wollen. Natürlich gefällt es China nicht, dass die Unterstützung für eine Wiedervereinigung immer mehr abnimmt. Aber das muss sich Peking auch selbst zuschreiben. Denn das liegt nicht zuletzt an der mangelnden Attraktivität seines politischen Systems für die Bewohner Taiwans. Und das Beispiel Hongkongs hat abschreckend gewirkt. Wer glaubt unter diesen Umständen noch an die Formel «Ein Land, zwei Systeme»?

Nein, es sind nicht die USA, die hier eskalieren. Die Zuspitzung der Situation bis hin zu einer Kriegsgefahr hat ihre Wurzeln darin, dass die Regierung in Peking zum politischen Kompromiss nicht willens ist und unbeeindruckt an der Idee der Wiedervereinigung festhält, obwohl das inzwischen kaum noch jemand auf Taiwan will. Dahinter steht eine ontologische Dimension, aber sicher genauso auch geostrategische Fragen. Die Rückkehr Taiwans ist ein Schlüsselelement auf dem Weg zur chinesischen Hegemonie in Südostasien.

Was heißt das für die europäische Positionierung gegenüber China? Wir haben ja auch ein Interesse beispielsweise an freien Märkten in Südostasien, an freien Handelswegen, die bei einer chinesischen Hegemonie gefährdet wären.

Das heißt zunächst einmal, dass wir die amerikanischen Versuche zur Gegenmachtbildung unterstützen und klare Signale an Peking senden müssen. Die Vorstellung, wir könnten strategische Autonomie in Äquidistanz zu den USA und China anstreben, halte ich für gefährlich. Das heißt nicht, dass wir uns dem amerikanischen Wohl komplett verschreiben müssen. Im Detail können wir unsere eigenen Wirtschaftsbeziehungen zu China unterhalten und uns darüber mit den Amerikanern streiten. Die Europäer werden wahrscheinlich auch in Zukunft mehr auf Freihandel setzen, die Amerikaner verstärkt auf Protektionismus. Aber wir müssen die amerikanische Politik gegenüber China in ihren Grundzügen mittragen und dürfen keinen Zweifel daran lassen, dass wir an der Seite der USA stehen. Wir müssen klarmachen, dass jede Verletzung des Völkerrechts mit Blick auf Taiwan inakzeptabel ist. Oder dass der Versuch, das chinesische Einflussterritorium durch künstliche Inselaufschüttungen im Südchinesischen Meer zu erweitern, seerechtlich inakzeptabel ist. Wenn der französische Präsident aus falsch verstandenen strategischen Ambitionen den Eindruck erweckt, China könne in diesen Fragen einen Keil zwischen die USA und Europa treiben, erweist er uns einen Bärendienst.

Zielorientierter Pragmatismus: Deutschlands außenpolitische Optionen

Der Platz an der Seite der Vereinigten Staaten, die von einem demokratischen Präsidenten wie Joe Biden regiert werden, ist für die Europäer wieder kuschelig warm. Nun ist aber keineswegs garantiert, dass das so bleibt. Unter Donald Trump haben die USA zwischenzeitlich die Idee des freien Welthandels aufgekündigt, Europa als strategischen Gegner identifiziert, Strafzölle verhängt und unsere sicherheitspolitische Abhängigkeit ausgenutzt, um uns wirtschaftlich zu erpressen. Ist unser Platz auch dann noch an der Seite der USA, wenn sie wieder eine Politik betreiben, die unseren Interessen derart fundamental entgegenläuft?

Wenn Donald Trump oder eine ihm ähnliche Figur die Präsidentschaftswahlen 2024 gewinnt und eine noch radikalere Politik des «America First» verfolgt, steuern wir auf eine doppelte Problematik zu: Erstens werden die Vereinigten Staaten mit Blick auf China viel schneller relativ an Macht verlieren, weil ihre innergesellschaftlichen Konflikte die Machtentfaltung nach außen erheblich hemmen; zweitens wird die Weltunordnung, in der wir uns bereits befinden, durch eine erratische Außenpolitik der USA noch instabiler. Für Deutschland und Europa führte aufgrund ihrer strategischen Abhängigkeit jedoch auch in einem solchen Szenario kein Weg daran vorbei, so gut wie möglich Einfluss auf die Amerikaner zu nehmen. Wenn dieser Versuch komplett misslänge, hätten wir eine völlig neue, unübersichtliche Konstellation, gewissermaßen eine potenzierte Weltunordnung, in der sich auch noch mehr Späne im Magnetfeld Richtung China richteten und wir Europäer enorme Anstrengungen unternehmen müssten, um unsere Sicherheit weiter garantieren zu können.

Müssten wir dann nicht im Sinne des De-Risking schon jetzt Maßnahmen ergreifen, um diese Abhängigkeiten zu reduzieren?
Ja, das wäre eine vorausschauende und strategisch kluge Politik. Ich bin nur nicht so optimistisch, dass sie auch verfolgt wird. Die Deutschen müssten eigentlich noch viel mehr Geld für ihre Verteidigung ausgeben, was sich unserer Gesellschaft politisch jedoch nicht vermitteln lässt. Und die Franzosen müssten die «Force de frappe», ihre Atomstreitkräfte, in den gemeinsamen Dienst der Europäischen Union stellen, statt sie weiterhin ausschließlich als Waffe zur nationalen Verteidigung zu begreifen. Wir müssten in Europa allgemein auf eine stärkere Interoperabilität all unserer Streitkräfte hinarbeiten. Der Weg dorthin ist steinig, denn die Motivlage unterscheidet sich in den einzelnen EU-Ländern sehr stark. Der europäische Wille zu einer gemeinsamen Verteidigungsfähigkeit fehlt, weil der Aufbau enorme Ressourcen verschlingen würde.

Das heißt dann aber auch: Wir sind im Moment davon abhängig, dass die amerikanischen Wahlen 2024 in einer für uns günstigen Weise ausgehen, so dass in Washington niemand Präsident wird, der Europa wieder zum Gegner erklärt. Diese strategische Lage ist für die Europäer neu. Früher spielte es für unsere Sicherheit keine Rolle, ob ein Demokrat oder ein Republikaner gewählt wird. Nach der letzten amerikanischen Präsidentschaftswahl haben wir den dringend gebotenen Kurswechsel in der Sicherheits- und Verteidigungspolitik verschlafen, weil wir uns mit Joe Biden im Weißen Haus nach kurzer Zeit wieder sicher gefühlt haben – da reichten ein paar seiner Reden –, obwohl der moderate Konservatismus in den USA in Trümmern liegt. Wenn wir Pech haben, sind wir bald auf uns selbst zurückgeworfen und werden uns reumütig an die Zeit erinnern, als es eine Diskussion darum gab, den Militäretat langfristig auf zwei bis drei Prozent unserer Wirtschaftsleistung anzuheben. Dann könnten die USA als atomare Schutzmacht der Europäer wegbrechen und das transatlantische Verteidigungsbündnis aufkündigen. Wir sind in Europa im Moment komplett von amerikanischen Aufklärungsfähigkeiten abhängig, die uns im Rahmen der Nato zur Verfügung gestellt werden – aber nur bis zu einem gewissen Grad. Wenn wir einmal nicht mehr auf die Kommandostruktur der Nato zurückgreifen können, aus welchen Gründen auch immer, wer soll dann europäische Verbände führen, wer soll sie über den Feind aufklären? Ob die Europäer in einem solchen Szenario zusammen in der Lage wären, ihre Nachbarschaft zu stabilisieren und die Abschreckung der Russischen Föderation zu organisieren, ist höchst unsicher.

Und was ist mit Vorstellungen, Europa könnte ein dritter Pol der Weltpolitik werden, neben den USA und China?

Das würde eine globale militärische Machtentfaltung Europas voraussetzen. Und das ist Wolkenkuckucksheim. Dorthin führt, realistisch betrachtet, in absehbarer Zeit kein Weg. Die Europäische Union ist zwar insgesamt groß genug, um weltpolitische Ambitionen zu hegen, intern aber zu zerklüftet, diesem Anspruch auf Dauer gerecht zu werden. Über den ökonomischen Bereich hinaus ist es daher auch nie gelungen, die EU vertieft zu integrieren, damit sie im internationalen System gegenüber China, Russland und den USA einheitlich auftreten kann. Und obwohl jeder europäische Staat allein zu klein ist, um seine ökonomischen und die damit eng verbundenen Sicherheitsinteressen global zu behaupten, schaffen sie es bislang nicht, den politischen Willen zu mobilisieren, in der Welt als einheitlicher Machtblock aufzutreten. Dennoch scheinen etwa der SPD-Vorsitzende Lars Klingbeil und die von seiner Partei getragene Bundesregierung darauf zu bauen, dass Europa künftig eines der Zentren in einer multipolaren Welt wird. Woher sie den Optimismus nehmen, ist mir schleierhaft.

Im aktuellen Koalitionsvertrag findet sich tatsächlich die vage Formulierung von der europäischen Souveränität, die auch Emmanuel Macron gern im Munde führt. Wie könnte man diesen Begriff dennoch mit Leben füllen?

Der Begriff der europäischen Souveränität weckt völlig falsche Hoffnungen, wenn man damit meint, die Verteidigungsfähigkeit Europas könne aus der Brüsseler Kommission heraus koordiniert werden. Wenn man das im Rahmen eines großen Wurfes von oben organisieren will, vielleicht im Sinne einer Europäischen Verteidigungsgemeinschaft 2.0, dann wird man damit scheitern. Dann wird man viel Papier beschreiben und große Konferenzen abhalten, aber am Ende wird man die verschiedenen Interessen wieder nicht so unter einen Hut bekommen, dass dieser am Ende auch passt und seine Funktion erfüllen kann. Wenn man tatsächlich in absehbarer Zeit eine eigenständige Verteidigungsfähigkeit Europas schaffen und Europa in dieser Hinsicht «souverän» machen will, dann muss man von unten ansetzen.

Im Sicherheits- und Verteidigungsbereich finden einzelne europäische Staaten untereinander viel eher zu einfachen und pragmatischen Lösungen als über den gemeinsamen Brüsseler Koordinierungsmechanismus. Ein Beispiel: Die Europäer waren über die amerikanische Operationsführung im Kosovokrieg derart erzürnt, dass sie kurz nach Kriegsende 1999 auf dem EU-Gipfel von Köln beschlossen, Europa für ein solches Krisenszenario an seiner Peripherie fortan in den Zustand autonomer Handlungsfähigkeit zu versetzen. Ein Jahr später beschlossen die EU-Verteidigungsminister in Helsinki deshalb die Aufstellung einer Truppe von 60 000 Mann allein für diesen Zweck. Was ist von dieser Idee übrig geblieben? Battle Groups von 1500 Mann, die seit mehr als 20 Jahren vorgehalten werden, aber noch nie eingesetzt wurden. Als Ergebnis der Evakuierungsoperationen in Kabul im Sommer 2021 einigte sich die EU auf eine gemeinsame Einsatztruppe von 5000 Mann, die solche Evakuierungsmissionen künftig stemmen soll. Es fragt sich nur: Wozu? Franzosen, Italiener, Deutsche und Briten haben vor nicht allzu langer Zeit sehr viele europäische Staatsbürger sehr erfolgreich aus dem Sudan evakuiert, ohne dass sie dafür Brüssel gebraucht hätten. Wenn der politische Wille vorhanden ist, finden sich im militärischen Bereich Möglichkeiten der Kooperation von ganz allein: durch gemeinsame Ausbildung, gemeinsames Training, die Reduzierung von Kosten über die gemeinsame Beschaffung von Ersatzteilen, die Zusammenlegung ganzer Verbände. Das niederländische Heer geht mittlerweile mehr oder weniger im deutschen Heer auf – ein Modellversuch, der sich auf weitere Armeen ausweiten ließe. Die baltischen Staaten koordinieren bereits ihre Luftwaffen, um eine gemeinsame Luftraumüberwachung zu gewährleisten, auch wenn diese Kooperation bislang noch keine gemeinsame baltische Luftwaffe hervorgebracht hat. Mit der Nordic Defence Cooperation (Nordefco) haben Dänemark, Finnland, Island, Norwegen und Schweden lange vor dem

Beitritt Finnlands und Schwedens zur Nato eine hochfunktionale verteidigungspolitische Struktur geschaffen. Ihr könnten auch die Deutschen beitreten.

Solche zunächst kleinteilig wirkenden Kooperationen, in der Politikwissenschaft werden sie Minilateralismen genannt, sind viel effektiver als der vermeintlich große Wurf, der – wie eine Europäische Verteidigungsgemeinschaft 2.0 – am Ende wegen Nichtdurchführbarkeit schnell wieder in der Schublade verschwindet. Wir müssen in Europa zuallererst über gemeinsame Fähigkeiten nachdenken: Welche militärischen Fähigkeiten brauchen wir, um Sicherheit gegen Russland zu organisieren? Welche Fähigkeiten sind bereits vorhanden, und wie lassen sich diese Fähigkeiten besser miteinander vernetzen? Wo liegen Synergieeffekte? Wenn Holländer, Belgier und Deutsche beispielsweise alle der Nuklearen Teilhabe der Nato angehören, können sie diese gemeinsam organisieren, wenn sie alle auch über dieselben F-35-Flugzeuge verfügen. Mit Blick auf die Erhöhung der europäischen Verteidigungsbereitschaft ist folglich auf allen Ebenen mehr Pragmatismus gefragt. Das ist der Weg, auf dem wir tatsächlich Resultate produzieren können, weil wir nicht darauf angewiesen sind, dass immer der gesamte Geleitzug mitkommt. Stattdessen fragt man: Wo sind Partner, die in einem klar definierten Aufgabenbereich zusammenarbeiten und benötigte Fähigkeiten gemeinsam bereitstellen können?

Wenn man sich die strategische Lage Deutschlands vergegenwärtigt, dann fragt man sich: Haben wir überhaupt eine gute Option? Es gibt die Transatlantiker, die Deutschlands einzige strategische Option in einer engen Anbindung an die USA sehen. Andere – man könnte sie der Einfachheit halber Neogaullisten nennen – sehen die Zukunft Deutschlands in einer engen strategischen Partnerschaft mit Frankreich als Motor europäischer Souveränität. Dann gibt es vielleicht noch das Lager der

Europäer, die hoffen, Deutschland werde in der EU aufgehen. Doch alle diese Optionen sind unbefriedigend, wenn man sich vor Augen führt, worüber wir gerade gesprochen haben. Und dabei haben wir noch gar nicht über die Neutralitätsphantasien der AfD und in der Linkspartei gesprochen.

Ja, faktisch haben wir keine klare strategische Option für die Zukunft. Jede der genannten Optionen ist problematisch. Eine enge Anbindung an die USA könnte zu einem Zerwürfnis innerhalb Europas führen, und es ist gar nicht sicher, dass die Amerikaner da selbst überhaupt mitgehen. Zu viel hängt dort von den innenpolitischen Entwicklungen ab, auf die wir keinen Einfluss haben. Die neogaullistische Option stößt auf erheblichen Widerstand der Mittel- und Osteuropäer, weil deren historische Lehre ist, dass man sich mit Blick auf die eigene Sicherheit nur auf die USA verlassen kann. Und die föderale Option einer Vertiefung der gemeinsamen Außen- und Sicherheitspolitik im Rahmen der Europäischen Union wird sich mit Blick auf viele europäische Gesellschaften nicht realisieren lassen, die mittlerweile zu sehr unter dem Einfluss antieuropäischer rechts- oder linkspopulistischer Bewegungen stehen. Wir steuern letzten Endes auf eine sehr komplexe strategische Mischkalkulation aus Transatlantik, Neogaullismus und einer europäischen Koalition der Fähigen und Willigen zu. Wir sind auf gute Beziehungen zu den USA angewiesen, solange Washington bereit ist, die europäische Sicherheit zu garantieren. Wenn sie aus innenpolitischen Gründen in einen Prozess eintreten, uns diese Garantien zu entziehen, müssen wir zumindest den Versuch unternehmen, sie davon abzuhalten.

Dennoch steht außer Frage, dass sich Europa in der Zwischenzeit viel mehr selbst um seine Sicherheit kümmern muss: Es muss autonomer und auch souveräner werden, vor allem gegenüber den USA. Deshalb ist die neogaullistische Perspektive wichtig, weil Deutschland und Frankreich nun einmal die beiden größten Wirtschaftsmächte der EU sind, Frankreich verfügt zudem über eigene Nuklearwaffen. Wer indessen glaubt, das deutsch-französische Tandem sei weiterhin der alleinige Motor der Europäischen Union, erliegt einer schweren Fehleinschätzung, weil die mittel- und osteuropäischen sowie die baltischen Staaten für die europäische Sicherheit zu wichtig geworden sind und selbst eine herausgehobene Stellung einfordern. Die Phase, in denen diese Staaten innerhalb Europas als Bittsteller auftraten, ist endgültig vorbei. Sie haben durch ihren strategischen Weitblick und ihre Rolle als neue Frontstaaten ein neues Selbstbewusstsein entwickelt, und ihre Gesellschaften und Volkswirtschaften tragen mit Blick auf den Ukrainekrieg große Lasten. Man wird an ihnen künftig nicht mehr vorbeientscheiden können, ohne die Stabilität der EU aufs Spiel zu setzen. Auch vor diesem Hintergrund ist mit Blick auf die Mitgliedstaaten der Europäischen Union künftig von keiner Homogenisierung der Zielvorstellungen auszugehen, und daher müssen wir innerhalb Europas auch flexiblere, kleinere Koalitionen nutzen, um unsere Verteidigungsfähigkeit voranzutreiben. Hier ist Pragmatismus gefragt und nicht Prinzipienfestigkeit. Andernfalls laufen sowohl die Transatlantiker als auch die Neogaullisten und die Europäer Gefahr, ihre Politik auf Illusionen zu gründen.

Wie viel Spielraum bleibt angesichts dieser Diagnose für eine wertegeleitete Außenpolitik, wie sie Annalena Baerbock vorschwebt?

Der Begriff verweist auf eine in der deutschen Debatte seit jeher genüsslich unterstellte Dichotomie zwischen Werten und Interessen – von der fraglich ist, ob sie sich streng genommen überhaupt aufrechterhalten lässt, weil Werte und Interessen oft gar nicht trennscharf voneinander zu unterscheiden sind. Am Beispiel der Substituierung russischen Gases durch katarisches als Reaktion auf Putins Drosselung der Gaslieferungen nach Europa lässt sich nur allzu leicht verdeutlichen, dass eine reine interessen- und eine reine wertegeleitete Außenpolitik im Regierungshandeln oftmals in einen unauflösbaren Widerspruch geraten. Unser Interesse war es, so schnell wie möglich von russischem Gas unabhängig zu werden, weshalb wir vom Handel mit der einen Autokratie zum Handel mit der anderen Autokratie übergegangen sind. Jetzt könnte man vielleicht argumentieren, dass eine autoritäre Regionalmacht, die in unserer Umgebung gewaltsam völkerrechtlich anerkannte Grenzen verschiebt, noch schlimmer ist als eine Golfmonarchie, die islamistischen Terrorismus finanziert und Frauen- und Minderheitenrechte missachtet – aber wo soll das enden? Zumal wir auch Gas aus Aserbaidschan beziehen, das gerade seinen Nachbarn Armenien drangsaliert und überfallen hat. Allerdings gibt es von da keine publikumswirksamen Fotos. Diese Widersprüche kann man nicht auflösen, aber man sollte diese strategischen Dilemmata klar kommunizieren.

Die Debatte über Habecks vermeintlich zu tiefen Diener vor dem Emir von Katar sprach jedenfalls Bände. In Deutschland gibt es die Tendenz, nicht von Interessen sprechen zu wollen, weil uns das zu zynisch klingt. Deshalb umschreiben wir sie wie im alten Genscher-Diktum: Deutsche Interessen sind europäische Interessen. Aber natürlich hat Deutschland in Europa immer versucht, seine Interessen zu europäischen Interessen zu machen. Und die Bundesrepublik Deutschland ist innerhalb der Europäischen Union der Staat, der – zugespitzt formuliert – zu jeder blutigen Diktatur auf dieser Welt die besten Außenhandelsbeziehungen hat. Der Begriff der wertebasierten Außenpolitik ist zugleich Ursache und Wirkung einer strategischen Naivität der Bundesrepublik Deutschland. Er suggeriert, dass wir etwas tun, was wir realiter nicht tun, und sorgt damit einerseits immer wieder für Irritationen, sowohl nach außen bei unseren Verbündeten und Handelspartnern, die uns als überheblich wahrnehmen, als auch nach innen, weil die Bevölkerung enttäuscht ist, dass wir unseren eigenen Idealen nicht gerecht werden. Die Losung von der wertegeleiteten Außenpolitik ist andererseits Wirkung unserer strategischen Naivität, weil die Bevölkerung nicht hören will, dass wir eigentlich eine andere, stärker interessengeleitete Außenpolitik betreiben. Mein Plädoyer ist, konsequent von einer strategischen oder zielorientierten Außenpolitik zu sprechen, die realistisch ist. Letzteres setzt voraus, dass wir diese realistischen Ziele auch formulieren. Was wollen und können wir gegenüber einem Staat, einer Region oder in einer bestimmten Angelegenheit erreichen? An solchen Zielen kann eine Regierung gemessen werden, und sie hat dann auch die Gelegenheit, den möglichen Widerspruch zwischen Interessen und Werten klar zu benennen: Warum entscheidet man sich mit Blick auf Land X oder Region Y oder im funktionalen Bereich Z eher für Interessen und stellt Werte zurück?

Wie könnte eine zielorientierte Außenpolitik der Bundesrepublik Deutschland in der neuen Weltunordnung konkret aussehen? Können Sie uns ein paar Beispiele geben?
Zum Beispiel müssten wir die Frage diskutieren: Was wollen wir eigentlich mit Blick auf unsere Chinapolitik erreichen? Wollen wir weiter ökonomische Gewinne erzielen, bis es nicht mehr geht? Oder wollen wir verhindern, dass die Welt in eine neue Bipolarität abgleitet, weil wir China in bestimmten Bereichen als eine Bedrohung für unsere Interessen wahrnehmen? Dann wäre das Ziel, dazu beizutragen, den Aufstieg Chinas im politischen und militärischen Bereich zu verlangsamen oder zu verhindern. Man müsste dann versuchen, den eigenen Beitrag zu einer solchen Politik zu operationalisieren: Welche Rolle spielen die USA, was kann Europa tun?

Eine andere außenpolitische Frage von enormer Dringlichkeit, für die die Politik eine realistische Zielvorgabe ermitteln und auf ein strategisches Dilemma zwischen Werten und Interessen hinweisen müsste: Wie halten wir es mit dem Iran? Dort gibt es eine vor allem von Frauen vorangetriebene revolutionäre Bewegung, die wir vor dem Hintergrund unseres Wertekanons vollauf unterstützen müssten. Gleichzeitig haben wir aus sicherheitspolitischer Sicht aber ein vielleicht noch größeres Interesse, das Atomabkommen mit Teheran zu reaktivieren. Wenn unser außenpolitisches Ziel darin besteht, das Regime in Teheran zu stürzen, müssen wir uns weiter befragen, wie dieses Ziel erreicht werden kann, ob wir die Mittel haben, es zu erreichen, kurzum: wie realistisch es ist. Was passiert eigentlich, wenn sich unsere Hoffnungen nicht erfüllen? Wenn wir uns allzu offen auf die Seite der revolutionären Bewegung schlagen, riskieren wir, bei einem Scheitern der Revolution in fünf Jahren einem atomar bewaffneten Iran gegenüberzustehen. Wollen wir einen nuklear bewaffneten Iran verhindern, weil wir ihn für das größere Übel halten? Dann müssen wir das strategische Dilemma, in dem wir stecken, offen kommunizieren, statt bloße Lippenbekenntnisse zur feministischen Außenpolitik abzugeben, gleichzeitig aber eine klare offizielle Positionierung gegen das Mullah-Regime zu scheuen, während dieses schon damit begonnen hat, die Protestlerinnen zum Tode zu verurteilen. Das ist in jeder Hinsicht unglaubwürdig, nach innen wie nach außen. Zielkonflikte gehören zum Wesen der internationalen Politik. Man muss sich trauen, sie offen zu benennen, wenn man glaubwürdig bleiben will.

Also der Bevölkerung reinen Wein einschenken, statt sie in Illusionen zu wiegen und Zumutungen zu vermeiden, weil man Angst vor eventuellen Reaktionen an den Wahlurnen hat?

Ja, die Deutschen müssen sich von der angenehmen Vorstellung verabschieden, dass ihr Wohlstand aufrechterhalten werden kann, wenn sie unter den Bedingungen der neuen Weltunordnung weiter so verfahren wie bisher. Sie müssen in Europa künftig nicht nur ökonomisch und politisch, sondern auch militärisch mehr Verantwortung übernehmen, weil die jahrzehntealten Pfeiler ihrer Außen- und Sicherheitspolitik in den nächsten Jahren einstürzen könnten. Sie müssen bei der Verfolgung ihrer Interessen künftig verstärkt auf pragmatische Formen der Kooperation und Ad-hoc-Koalitionen in Europa setzen, weil sie sich nicht mehr darauf verlassen können, dass die Amerikaner ihre Sicherheit garantieren. Und die deutsche Politik muss in der Bevölkerung offen dafür werben, dass sich die Kosten, die mit der neuen Rolle Deutschlands in der Welt verbunden sind, auf lange Sicht lohnen. Wenn ihr die Gesellschaft dann trotzdem die Gefolgschaft verweigert, wird sie umso härter fallen.

Schluss

Woke und wehrhaft

Zum Schluss die Frage Lenins: «Was tun?» Die Abwehrbereitschaft einer Gesellschaft umfasst mehr als nur das Militärische, sie hat auch gesellschaftliche und politische Aspekte. Aber ohne eine schlagkräftige Armee wird es schwer, den Herausforderungen zu begegnen, denen sich Europa angesichts der russischen Aggression gegenübersieht. Also, wie kriegen wir die Bundeswehr wieder einsatzfähig?

Dabei sind zwei Faktoren besonders zu berücksichtigen. Erstens benötigen wir eine fast vollständig ausgerüstete Bundeswehr. Und ich sage bewusst «fast vollständig», weil eine wirklich vollständige Ausrüstung der Streitkräfte aufgrund der technologischen Entwicklung nie möglich ist. Die Bundeswehr muss fast vollständig ausgerüstet sein, um alle Einsatzszenarien permanent üben zu können, was wegen der Ausstattungsprobleme in den vergangenen Jahren nicht möglich war. Wenn sie permanent alle Einsatzszenarien üben kann, wird sie in der Breite einsatzfähig – nicht nur in einzelnen Verbänden in der Spitze. Die Truppe muss sämtliche Szenarien üben können, und zwar permanent, auch wenn sie nicht in den Einsatz muss, so dass sie handwerklich bereit ist, wenn es so weit ist. Und deshalb ist es auch so wichtig, dass jeder Verband genug Material hat. In den vergangenen Jahren wurde Material von allen Standorten zusammengezogen, um die wenigen, die in der Spitze in den Einsatz gingen, bestmöglich zu versorgen; währenddessen konnte in den zurückbleibenden Verbänden, denen das Material eigentlich gehörte, nicht mehr im notwendigen Ausmaß und nicht mehr in der gebotenen Regelmäßigkeit geübt werden.

Zweitens müssen die einzelnen Soldaten und Soldatinnen selbst in die Lage versetzt werden, einsatzfähig zu sein, und das beschränkt sich nicht nur auf die Übung an schwerem Gerät. Individuelle Biografien sind heute völlig unterschiedlich. Das klassische Soldatenbild der 1960er und 1970er Jahre, wonach der Mann Soldat war, die Frau zu Hause blieb und auf die Kinder aufpasste und das Ehepaar alle drei Jahre gemeinsam umzog, existiert nicht mehr. Heute finden sich viele Alleinerziehende in der Bundeswehr, andere kümmern sich um pflegebedürftige Angehörige. Soldatinnen und Soldaten haben nicht nur ein Privatleben, sondern fordern auch aktiv eines ein. Wer in den letzten zehn Jahren in einen Auslandseinsatz geschickt wurde, etwa nach Afghanistan oder Mali, wusste mindestens ein Jahr vorher Bescheid und hatte Zeit, sich privat auf eine Abwesenheit von mehreren Monaten oder länger vorzubereiten und einem Kollaps des eigenen Familiensystems und sozialen Umfelds, in dem man lebte, vorzubeugen. Bei einer Aktivierungszeit eines Truppenteils (Notice to Move) von zwei bis zehn Tagen geht so etwas nicht und schon gar nicht bei einer Meldepflicht von zehn Stunden, wie sie bei der Very High Readiness Joint Taskforce der Nato üblich ist. Die Bundeswehr muss folglich die Voraussetzungen schaffen, dass sie ihren Angehörigen in einem solchen Fall die bestmögliche Unterstützung zur Regelung privater Angelegenheiten bieten kann. Wenn Sie mit amerikanischen Kommandeuren sprechen und sie scherzhaft fragen: «Was ist Ihr Hauptwaffensystem?», dann sagen sie: «Mein Kindergarten.» Die Soldaten müssen mit voller Konzentration ihren Auftrag erfüllen können, ohne sich den Kopf darüber zerbrechen zu müssen, ob zu Hause alles zusammenbricht, wenn sie von heute auf morgen eine Zeit lang weg sind.

Ein dritter, wichtiger Punkt betrifft die Strukturen und Entscheidungsprozesse in der Bundeswehr und im Bundesverteidigungsministerium. Sie müssen radikal verschlankt und entschlackt werden, die zeitraubenden Mitprüfungsschleifen müssen beseitigt werden, so dass klare Verantwortlichkeiten, schlanke Strukturen und schnelle Prozesse entstehen, die in Krisenzeiten sofort greifen. Die EU-Vergaberichtlinien, die die Verwaltungsprozesse der Bundeswehr verlangsamen, müssen unter Verweis auf nationale Sicherheitsinteressen ausgesetzt werden können. Zusätzliche EU-weite Ausschreibungen kosten Zeit, die wir im Moment einfach nicht haben. Ein noch wichtigerer Schritt wäre, prioritär marktverfügbare Produkte zu kaufen, wenn sich dieses Gerät in anderen Streitkräften bewährt hat. Weiterhin fände ich sinnvoll, wenn Parteien die Selbstverpflichtung eingehen würden, weder in den Verteidigungsausschuss noch in den Haushaltsausschuss Parlamentarier zu entsenden, die Rüstungsindustrie in ihrem Wahlkreis haben, um zu vermeiden, dass aus wahltaktischen Gründen zu viel Rücksicht auf die Bedürfnisse von wahlkreisansässigen Rüstungsunternehmen genommen und nötiger Wettbewerb verhindert wird. Zudem müsste der Schwellenwert, ab dem der Haushaltsausschuss des Bundestages Beschaffungsverträgen zustimmen muss, von 25 Millionen Euro auf 75 oder 100 Millionen Euro angehoben werden.

Brauchen wir weiter ein zentrales Beschaffungsamt der Bundeswehr? Oder anders gefragt: Wie können wir die Beschaffung wieder stärker an unsere Streitkräfte zurückbinden?

Die Inspekteure der Teilstreitkräfte müssen auf jeden Fall wieder eine wichtigere und verbindlichere Rolle im Beschaffungsprozess einnehmen. Lange Zeit waren sie komplett außen vor, mittlerweile sind sie wieder irgendwie beteiligt – aber sie müssen Bestandteil des Prozesses werden, weil man sie damit auch in Haftung nehmen kann. Sie können den Bedarf ihrer eigenen Teilstreitkraft am besten einschätzen. Auch sollte man viel mehr

Soldaten, egal welchen Dienstgrades, aus den Teilstreitkräften in das Beschaffungsamt entsenden, um die Verwaltungspraxis stärker an die militärische Praxis anzubinden. Das allgemeine Problem besteht darin, dass die Bedarfsanforderungen im Ministerium formuliert werden, bevor sich das Beschaffungsamt an deren Umsetzung macht. Die Frage ist: Brauchen wir diese beiden getrennten Schritte? Warum legen wir beides nicht zusammen, um den Prozess zu verkürzen und zu vereinfachen? Und dann gibt es ja auch eine sehr große Spannbreite bei den Dingen, die von der Bundeswehr beschafft werden müssen: Das reicht von der äußerst teuren Fregatte oder dem hochmodernen Panzer bis zur Rolle Klopapier. Christine Lambrecht hat in ihrer Amtszeit bereits das sogenannte Handgeld für die Kommandeure von 1500 auf 5000 Euro erhöht, damit sie für ihre Bataillone einkaufen können. Bei den Pionieren ist das möglicherweise genug, weil sie jetzt wirklich in den Baumarkt gehen und Werkzeug kaufen können, ohne irgendeinen Antrag stellen zu müssen. Andere Einheiten benötigen hingegen teure IT mit hohen Sicherheitsstandards. Dafür reicht das Geld hinten und vorne nicht aus. Hier könnte man über eine Differenzierung des Handgelds nachdenken. Aber der Grundgedanke ist richtig. Denn: Muss alles aus Koblenz beschafft werden? Die Fregatte natürlich schon, der Hubschrauber auch, bei anderen Anschaffungen könnte man hingegen deutlich mehr Flexibilität walten lassen. Sie könnten in Teilstreitkräfte oder Einheiten verlagert werden, denn damit beschleunigen wir die Prozesse.

Nichts ist für Soldatinnen und Soldaten frustrierender, als auf banale Ausrüstung jahrelang warten zu müssen. Das führt dazu, dass sie mittlerweile einen Teil ihrer persönlichen Ausrüstung einfach selbst kaufen. Sie geben mitunter signifikante Beträge dafür aus, dass sie Material bekommen, das ihnen der Dienstherr zur Verfügung stellen müsste. Aber der Dienstherr braucht einfach viel zu lange. Die jungen Offiziere der Bundeswehr klagen am meisten über Ausrüstungsmangel – sei es persönliche Ausrüstung oder Großgerät –, die irrsinnige Bürokratisierung und nutzlose Dienstvorschriften. Das muss alles auf den Prüfstand. Inwieweit man am Ende dazu bereit ist, die Truppe stärker am Beschaffungsprozess zu beteiligen, hat auch mit dem Grad an Fehlertoleranz zu tun, der in Deutschland deutlich höher sein müsste. Der Fehler darf nicht bei der Beschaffung des Panzers passieren, das ist klar, weil er dann womöglich lebensgefährlich wird. Beim Fahrrad ist seine Bedeutung aber wahrscheinlich marginal.

Welche Rolle spielt in diesem Kontext das Bundesverteidigungsministerium?

Das Ministerium ist in vielerlei Hinsicht ein regelrechter Bremsklotz, weil es ein Mikromanagement der Bundeswehr betreibt. Scheinbar alles, was die Bundeswehr betrifft, muss im Ministerium entschieden werden – denkt das Ministerium. Die Frage ist: Ist das eigentlich noch notwendig? Oder war es jemals nötig? Zur Beratung und Entscheidung militärischer Fragen, die allesamt die Truppe betreffen, gibt es im Ministerium eine Abteilung Ausrüstung und eine Abteilung Planung. Beide Bereiche könnte man ohne Not in die Truppe zurückverlegen. Von einem Ministerium erwartet man die politisch-militärische Steuerung der Bundeswehr. Dabei geht es um die Grundsätze der Verteidigungspolitik und um Fragen der bilateralen militärischen Beziehungen eines Landes. Warum konzentriert sich das Ministerium nicht auf diesen Bereich? Konkrete militärische Fragen müssen zwischen dem Generalinspekteur, den Inspekteuren der Teilstreitkräfte und den verschiedenen Organisationsbereichen der Bundeswehr entschieden werden. Früher hatten wir immerhin den Führungsstab der Streitkräfte – eine Art Generalstab, den man in Deutschland aus vergangenheitspolitischen Gründen nur nicht mehr so nennen durfte. Im Zuge der Reform des Ministeriums wurde er 2012 zusammen mit dem Planungsstab aufgelöst. Die alte Tradition im Ministerium war, dass der Planungsstab politisch-militärische Grundsatzentscheidungen fällt und an den Führungsstab der Streitkräfte weitergibt. Der Führungsstab bewertete, ob diese politischen Entscheidungen irgendwelche negativen Konsequenzen für die Streitkräfte hatten, und konnte das Ministerium dadurch zu Kurskorrekturen bewegen oder auch nicht. Jedenfalls ging das alles noch verhältnismäßig schnell. Heute hat das Ministerium zehn Abteilungen, und bei Entscheidungen wird jede andere Abteilung um Mitzeichnung gebeten, auch wenn sie fachlich gar nicht zuständig ist. Das führt zu einer immensen Verlängerung der Prozesse. Bundesverteidigungsminister Pistorius ist zumindest bestrebt, Entscheidungskompetenzen wieder auf die unteren Ebenen zu verlagern. Man kann eine Organisation wie die Bundeswehr durch ein institutionelles Mikromanagement aus Berlin komplett lahmlegen. Pistorius hat 2023 einen kombinierten Planungs- und Führungsstab eingerichtet. Ob dieses Gremium die Aufgaben des alten Planungs- sowie des alten Führungsstabes der Streitkräfte vollumfänglich übernehmen kann, muss sich in Zukunft erweisen.

Und wichtig ist mir auch noch etwas anderes, nämlich das Verhältnis zwischen den zivilen Behörden und der Bundeswehr, wie es in Art. 35 sowie 87a und 87b des Grundgesetzes festgelegt ist. Diese Regelungen sind Lehren aus den Anmaßungen der Reichswehr in der Weimarer Republik und hatten nach 1949 ihren legitimen Sinn und Zweck. Das tragende Motiv ist die Angst, dass die Bundeswehr ein jeglicher politischer Kontrolle entzogener Staat im Staate werden könnte, dass von einer Armee eine permanente Gefahr für die Demokratie ausgeht. Nach 70 Jahren erfolgreicher Demokratiegeschichte in der Bundesrepublik Deutschland muss man sich trotz unbestreitbarer und besorgniserregender rechtsextremistischer Umtriebe, auch in den Streitkräften, fragen: Inwieweit ist das überhaupt noch eine realistische Angst? Inwieweit haben wir eine Struktur, die historisch völlig richtig war, aber heute ein Hemmschuh ist? Wenn man zu dem Schluss kommt, dass heute die Gefahr besteht, dass sich die Bundeswehr verselbständigt und frustrierte Offiziere mit ihren Truppenteilen gegen Berlin marschieren, den Kanzler absetzen und eine Militärjunta installieren, muss man diese Struktur in ihren Grundzügen erhalten. Ansonsten kann man sich über die Aufgabenteilung zwischen ziviler Verwaltung und Militär noch einmal unterhalten.

Die Beschaffung des benötigten Materials ist schwierig genug, aber immerhin ist dessen Herstellung noch ein einigermaßen berechen- und planbarer Prozess. Doch braucht man auch Menschen, die dieses Material dann benutzen und bedienen, und die kann man nicht irgendwo bestellen. Die Bundeswehr will eigentlich ihr Personal auf knapp über 200.000 Soldatinnen und Soldaten ausbauen, hat aber in der Realität schon Schwierigkeiten, den jetzigen Stand überhaupt zu halten, weil sich nicht genügend junge Leute bewerben. Nun war es ein wichtiger Effekt der Wehrpflicht, dass man ein viel größeres Reservoir hatte, aus dem der Nachwuchs rekrutiert werden konnte. Sollte man sie wieder einführen?

Nein. Die Wehrpflicht beruhte schon zu dem Zeitpunkt, als sie ausgesetzt wurde, auf einem ungerechten Mechanismus. Das Auswahlsystem glich einer Lotterie. Zudem war die Wehrpflicht bereits auf sechs Monate reduziert worden – einen Zeitraum, in dem man den Wehrpflichtigen nichts mehr beibringen konnte. Übertrieben gesagt, lungerten die jungen Leute in den Kasernen nur noch herum. Bei den heutigen technischen Anforderungen der Waffensysteme braucht es Spezialisten. Die Ausbildung dauert mindestens zwei Jahre, bis die Rekruten wirklich das Spezialwissen haben, um diese Systeme einzusetzen. Eine so lange

Wehrpflicht wäre schwer vermittelbar und auch wirtschaftlich nicht sinnvoll. Und schließlich haben wir die Strukturen gar nicht mehr, die es für die Wehrpflicht braucht, Kreiswehrersatzämter, Kasernen. Das alles wieder aufzubauen, würde viel Geld kosten, das wir besser anderswo einsetzen.

Bevor wir über die Wehrpflicht reden, sollten wir zunächst das personelle Potenzial ausschöpfen, das zwar da wäre, aber noch am Zugang zur Bundeswehr gehindert wird. Das sind zuvorderst Menschen, die in Deutschland leben, aber eine Staatsbürgerschaft aus einem anderen EU-Mitgliedsland haben. Die Bundespolizei hat ihnen den Zugang bereits ermöglicht, sich also für EU-Ausländer geöffnet, während die Bundeswehr die Sache sage und schreibe sieben Jahre lang geprüft hat, bevor der ehemalige Generalinspekteur Zorn sie in einer Rede in einem Halbsatz abmoderiert hat. Wir haben in Deutschland zudem jedes Jahr über 95 000 Schulabgänger, die hier geboren wurden, aber keine EU-Staatsbürgerschaft haben, sondern die Staatsbürgerschaft eines Nicht-EU-Landes. Auch sie sollten als mögliche Rekrutinnen und Rekruten für die Bundeswehr infrage kommen dürfen. Wir könnten uns bei der Einbürgerung am Modell der amerikanischen Marines orientieren: Wer eine gewisse Zeit lang in der Bundeswehr dient, wird leichter und schneller eingebürgert. Angesichts der Tatsache, dass viele deutsche Staatsbürger einen Migrationshintergrund haben, machen wir noch immer viel zu wenig Werbung zum Beispiel auf Türkisch. Warum gehen wir nicht auf diejenigen zu, die sich auch in einer anderen Sprache angesprochen fühlen könnten? Und auch bei einer weiteren Gruppe sollte man sich verstärkt Gedanken machen, wie man sie für die Bundeswehr interessiert, nämlich bei den Frauen. Derzeit beträgt ihr Anteil gerade mal knapp unter 15 Prozent. Da liegt noch viel Potenzial brach.

Sie haben sich in einem Interview als Anhänger einer Armee geoutet, die «woke und wehrhaft» ist. Was verstehen Sie darunter?
Die Streitkräfte sind ein Instrument der Politik. In letzter Instanz sind sie dazu da, die Gesellschaft, in der sie leben, zu verteidigen. Wenn sich die Diversität einer Gesellschaft in den Strukturen und Einheiten ihrer Streitkräfte widerspiegelt – und die Gesellschaft selbst Wege gefunden hat, mit ihrer Diversität umzugehen, also nicht in dysfunktionaler Weise polarisiert ist –, hat das einen positiven Effekt auf die Kampfkraft dieser Einheiten. Denn sie wissen, was sie verteidigen. Wenn Streitkräfte homogen sind, d.h., auf die Bundesrepublik bezogen, lauter heterosexuelle deutsche junge Männer, die plötzlich eine diverse Gesellschaft verteidigen sollen, dann werden sie das tun, weil es ihre Aufgabe ist. Aber sie werden nicht dafür brennen, weil es zwischen ihnen und der Gesellschaft eine Differenz gibt. Das heißt also im Umkehrschluss: Je mehr die Streitkräfte die Diversität ihrer Gesellschaft abbilden, desto besser ist die Leistung ihrer Einheiten. Aber noch einmal, Diversität heißt nicht Polarisierung: Wenn sich die Konfliktlinien der Gesellschaft in den Streitkräften widerspiegeln, werden sie auch schlechter auf dem Schlachtfeld performen. Wenn man «woke» versteht als Aufmerksamkeit gegenüber struktureller Benachteiligung und Diskriminierung, also nicht als politischen Kampfbegriff, sondern in seiner ursprünglichen Form, die aus den 1960er Jahren stammt, dann macht der Slogan «woke und wehrhaft» viel Sinn. Er übersetzt sich dann zum Beispiel in eine menschliche und respektvolle Führung, ohne dabei allerdings etwas an dem grundsätzlichen Prinzip von Befehl und Gehorsam zu ändern, ohne das Streitkräfte nicht funktionieren. Nur das alte sogenannte Schleifen und unnötige Quälereien und Abhärtungsmethoden sollten der Vergangenheit angehören. Ein Student hat mal zu mir gesagt: «Masala, ich musste mich von meinem Ausbilder noch grundlos anbrüllen lassen. Jetzt sagen die danke und bitte!»

Natürlich besteht der Hauptauftrag von Streitkräften darin, zu töten und das Risiko einzugehen, getötet zu werden. Dennoch sollte man sich gleichzeitig über ihre sinnvolle Komposition Gedanken machen. In der ukrainischen Armee kämpfen LGBTQ-Soldat:innen. Die Ukrainer schlachten das sicher auch propagandistisch aus, um sich vom reaktionären und revisionistischen Aggressor abzusetzen. Im Grunde sollten Schwule, Lesben und queere Menschen aber überall in der Armee kämpfen. Denn in der Ukraine zeigt sich, dass die militärische Leistungsfähigkeit davon nur profitieren kann. Amerikanische Spitzenmilitärs verteidigen die «Wokeness» von Teilen ihrer Armee gegen konservative oder rechtsextreme Republikaner nicht zuletzt mit dem Argument der besseren Ergebnisse auf dem Schlachtfeld, während man sieht, dass der in der russischen Gesellschaft vorherrschende toxische Männlichkeitskult der Armee bisher zu keinen entscheidenden Frontdurchbrüchen verholfen hat. Die Moral der russischen Streitkräfte ist auch deshalb so schlecht, weil sie nicht wissen, was sie eigentlich verteidigen.

Es heißt, gerade die jüngere Generation habe den Anspruch, mit ihrer Arbeit einen sinnvollen Beitrag für die Gesellschaft zu leisten. Könnte es sein, dass die Bundeswehr wegen der akuten Bedrohung der freiheitlichen Lebensweise durch den russischen Angriffskrieg in der Ukraine ganz automatisch wieder attraktiver wird für junge Menschen, weil sie wieder mehr Sinn in der notfalls militärischen Verteidigung ihrer Gesellschaft sehen als ihre Altersgenossen in den Nullerjahren? Löst sich das Rekrutenproblem vielleicht von selbst?

Wir sehen momentan nicht, dass der Ukrainekrieg eine gesteigerte Akzeptanz der Bundeswehr in der deutschen Bevölkerung zur Folge hätte. Das Geschehen im Osten Europas hat keinerlei Auswirkungen auf die Bewerberzahlen – ob bei studierenden Offizieren, in den Mannschaftsdienstgraden oder bei Unteroffizieren. Vielleicht zeigt sich in ein paar Monaten oder Jahren eine Veränderung. Ich glaube zwar nicht daran, muss aber gestehen, dass ich andere Erwartungen hatte. Für mich ist der ausbleibende Schub nicht nur ein Ausdruck eines – wie es der ehemalige Bundespräsident Horst Köhler nannte – «freundlichen Desinteresses», sondern eines schizophrenen Verhältnisses der deutschen Gesellschaft zu ihren Streitkräften. Auf der einen Seite zeigen seit Jahren alle Umfragen, dass die Bundeswehr von der deutschen Bevölkerung hochgeschätzt wird, wenn es um die Frage nach der Vertrauenswürdigkeit von Institutionen in Deutschland geht. Wir sehen weiter, dass man es als Skandal empfindet, wenn weithin der Eindruck entsteht, die Bundeswehr habe kein einsatzfähiges Material: wenn Panzer nicht fahren, Schiffe nicht schwimmen oder Flugzeuge nicht fliegen. Und wenn die Bundeswehr im Inneren eingesetzt wird, gehen die Zustimmungswerte durch die Decke, also wenn Soldaten zum Beispiel in Gesundheitsämtern die Jobs erledigen, die eigentlich jeder machen kann. Soldaten heben im Lockdown den Telefonhörer ab und kümmern sich um die Kontaktnachverfolgung – das finden die Deutschen super. Oder die Katastrophenhilfe im Ahrtal. Das Problem fängt immer dann an, wenn die Bundeswehr ihre originären Aufgaben erfüllen soll, nämlich in den Militäreinsatz zu gehen. Dann kippt die Stimmung, dann werden die Deutschen skeptisch.

Sie haben das Verhältnis der deutschen Gesellschaft zur Bundeswehr als schizophren bezeichnet: Haben Sie generell den Eindruck, dass die Bereitschaft, Gesellschaft und Staat zu verteidigen, in Deutschland in den letzten Jahren abgenommen hat?
Sie war nach dem Ende des Zweiten Weltkriegs nie besonders hoch. Grundsätzlich ist die Demokratie eine Staatsform, unter der die Menschen zwar sehr gerne leben, die sie aber auch schnell als gegeben akzeptieren. Kurzum: Es gibt zu wenige De-

mokraten und Demokratinnen, die für die Demokratie zu sterben bereit sind. Zudem gilt: Je weiter die jeweilige Demokratie von den zentralen Konfliktherden der Welt entfernt ist, je mehr sie sich ihnen langfristig zu entziehen vermag, desto grundsätzlicher wird ihr Verteidigungsproblem. Der Unterschied zwischen Deutschland und der Ukraine besteht darin, dass wir eine etablierte Demokratie sind und uns an ihre Vorzüge mittlerweile zu sehr gewöhnt haben, als dass wir daraus noch irgendein Identifikationspotenzial für uns ableiten könnten. Die Ukrainer sind sich als Verteidiger einer jungen Demokratie bewusst, was sie verteidigen, zumal sie seit 2014 von einem kriegerischen Aggressor permanent in ihrem Wunsch nach Freiheit und Demokratie bedroht werden.

Sie haben betont, dass sich die Deutschen nicht in ausreichendem Maße über die Anforderungen der Sicherheitspolitik im 21. Jahrhundert – über die Welt, in der sie leben – im Klaren sind. Welches Schulungsprogramm empfehlen Sie, um dem abzuhelfen?

Die politischen Eliten und öffentlichen Intellektuellen müssen die Herausforderungen der Weltunordnung im 21. Jahrhundert klar benennen und ein Bewusstsein für die daraus resultierende Verletzlichkeit unserer Gesellschaft schaffen. Dafür brauchen wir einen Bruch mit der Art und Weise der politischen Kommunikation, wie wir sie aus den letzten knapp 20 Jahren in Deutschland gewohnt sind. Angela Merkel hat immer versprochen: Wenn ihr mich wählt, halte ich euch die Weltprobleme vom Hals. Olaf Scholz scheint in dieser Hinsicht viel von seiner Vorgängerin gelernt zu haben. Die Politik müsste demgegenüber bereit sein, den deutschen Bürgern schon auf der rhetorischen Ebene viel mehr zuzumuten. Es könnte – der Vorschlag stammt von Annegret Kramp-Karrenbauer – eine jährliche außenpolitische «State of the Union»-Rede des Kanzlers geben, in der er die

Grundlinien seiner Außen-, Sicherheits- und Verteidigungspolitik vorstellt – vielleicht sogar während einer außen-, sicherheits- und verteidigungspolitischen Woche im Deutschen Bundestag, in der Regierung und Opposition über gegensätzliche Konzepte miteinander streiten. Darüber hinaus bedarf es auch einer viel stärkeren öffentlichen Auseinandersetzungen mit den Gefahren hybrider Kriegsführung. Es reicht nicht mehr aus, dass sich eine kleine Community von Expertinnen und Experten aus beruflichen Gründen dafür interessiert. Außen-, sicherheits- und verteidigungspolitische Fragen müssen beim deutschen Bürger künftig genauso präsent sein wie wirtschafts-, arbeitsmarkt- oder gesundheitspolitische Fragen.

Das heißt, es geht vor allem um Kommunikation?

Ja, in erster Linie. Wenn Sie ein Bewusstsein für etwas schaffen wollen, dann ist das zunächst mal in erster Linie ein kommunikatives Problem. Aber natürlich gibt es auch praktische Maßnahmen, die sinnvoll wären. Früher gab es Zivilschutzübungen, für die die Kommunen Ressourcen vorhalten und Pläne entwickeln mussten. Ziel müsste sein, diese Strukturen zu reaktivieren und an die Bedrohungen des 21. Jahrhunderts anzupassen: Wie gehen wir mit Angriffen auf die kritische Infrastruktur und Sabotageakten um? Während der Staat etwa wieder genügend Medikamente vorhalten muss, wie er es zu Zeiten des Kalten Kriegs getan hat, muss jeder Haushalt zusehen, für das Szenario eines Blackouts genügend Kerzen zu haben. Wie wappnen wir uns gegen Desinformation? Die Vermittlung von Medienkompetenz in der Schule ist eine moderne Form der Wehrkunde. Hier und in anderen Bereichen können wir von den nordeuropäischen und baltischen Staaten viel lernen, die schon seit langem mit dem Konzept der totalen Verteidigung operieren – in Deutschland sollte man es besser «Gesamtverteidigung» nennen. Es geht dabei um die Einsicht, dass Verteidigung nur funktionieren kann, wenn Politik, Militär, Wirtschaft und gesellschaftliche Akteure im beständigen Austausch sind und Vorkehrungen treffen, den neuen Bedrohungen gemeinsam entgegenzutreten.

Und dazu gehört auch, dass die Politik den Bürgern auf der rhetorischen Ebene durchaus etwas zumuten kann. Ich glaube, da unterschätzen einige, dass die Gesellschaft in vielen Fragen weiter ist, als die Politik noch immer glaubt. Die große rhetorische Figur ist: Wir haben alles im Griff. Dabei haben zwei Jahre Corona und bald zwei Jahre Angriffskrieg gezeigt, dass Regierungen eben nicht alles im Griff haben. Es ist jedenfalls problematisch, wenn Politiker davor zurückscheuen, der Bevölkerung reinen Wein einzuschenken, weil sie dann Angst haben, nicht wiedergewählt zu werden. Ich erwarte von Politikern, dass, wenn sie von der Notwendigkeit bestimmter Entscheidungen überzeugt sind, sie dafür offensiv werben und bereit sind, auch zu scheitern – und eben nicht ihre Entscheidungen umgekehrt davon abhängig machen, was ihrer Meinung nach die Bevölkerung will oder was man ihr zumuten kann. Helmut Schmidt hat die Nachrüstung durchgesetzt, Gerhard Schröder die Agenda 2010. Politiker, die alles aussitzen, muten keinem etwas zu, und das führt letzten Endes dazu, dass sich die Gesellschaft nicht verändert oder dass im Bereich der Außenpolitik der Staat sich nicht an die neuen Herausforderungen anpasst. Das ist dann der Politikertypus Angela Merkel.

Aber Sie haben ja auch herausgearbeitet, dass in der Politik selbst oft die Einsicht in die Herausforderungen der internationalen Politik und die nötigen Entscheidungen fehlt. Wie lässt sich denn das Bewusstsein in der deutschen Politik für strategische Fragen erhöhen?

Auch hier geht es in erster Linie um Kommunikation und um Einsichtsfähigkeit. Es ist letztlich eine Mentalitätsfrage. Aber man kann sicherlich etwas nachhelfen. Zum Beispiel könnte man damit beginnen, in jedem Ministerium «Red Teams» zu installieren – d.h. Einheiten mit der Mission, die Resilienz der Politik gegen feindliche Angriffe zu erhöhen, indem sie ministerielle Vorlagen auf die Frage hin prüfen, inwiefern ihre Umsetzung inneren und äußeren Gegnern und Feinden in die Hände spielen könnte. Was sind die negativen Konsequenzen? Was hat man nicht bedacht? Strategische Vorausschau könnte in jedem Ministerium über die Referatsebene hinaus – wo sie in Teilen bereits existiert, aber kaum gehört wird – zu einem eigenen Bereich gemacht werden, der in den gesamten Arbeitsprozess der Behörde eingebunden ist. Solche Maßnahmen wären viel wichtiger als die vieldiskutierte Schaffung eines Nationalen Sicherheitsrats, den ich angesichts der bestehenden Kompetenzverteilung und der widerstreitenden Interessen zwischen Kanzleramt, Auswärtigem Amt und Verteidigungsministerium, deren Ressortchefs oftmals nicht derselben Partei angehören, für eine Chimäre halte. Grundsätzlich müssen alle Strukturen und Institutionen unserer Außen- und Sicherheitspolitik auf den Prüfstand, und es muss geschaut werden, ob sie krisenfähig sind. Generell leben wir in einem völlig überregulierten Staat, der nicht mehr in der Lage ist, schnell zu handeln. Und das hemmt in einer Situation, in der die Weltlage sich rapide und unvorhergesehen ändern kann, die Anpassungsfähigkeit des Staates massiv, und zwar auf allen Ebenen. Wir müssen hier aus dem Friedensmodus herausfinden, in den wir nach einem kurzen Schock unmittelbar nach dem 24. Februar 2022 schnell wieder hineingerutscht sind. Ich meine, wenn man sich anschaut, wie viele externe Schocks dieses Land über die letzten drei Jahre durchlebt hat, dann kann eigentlich nicht viel mehr kommen, außer einem direkten Angriff auf das Territorium der Bundesrepublik Deutschland. Also, was braucht es denn noch, bis man realisiert, dass wir unseren Modus Operandi in Richtung einer abwehrbereiten Demokratie ändern müssen?

Wie viel Zeit hat die deutsche Politik denn noch, sich an die außen-, sicherheits- und verteidigungspolitischen Herausforderungen der Weltunordnung im 21. Jahrhundert zu gewöhnen?
Die Uhr tickt, die Einschläge kommen näher. 2024 finden US-Präsidentschaftswahlen statt mit ungewissem Ausgang. Wie sich China in der Taiwan-Frage verhalten wird, ist völlig ungewiss. Und der aktuellen Bundesregierung bleiben nur noch zwei Jahre, um in den drängendsten außen-, sicherheits- und verteidigungspolitischen Fragen Pflöcke einzurammen, sodass alle Folgeregierungen gar keine andere Möglichkeit haben, als diesen Weg weiter zu beschreiten. Wie viel dringlicher kann eine Situation sein? Wenn wir dieses Momentum jetzt nicht nutzen, bekommen wir den Mantel der Geschichte nicht zu fassen. Und dann wird es im Rückblick mal wieder heißen: Wieso hat man das nicht kommen sehen? Wieso hat man nicht rechtzeitig gehandelt?

Dank

Dieses Buch wäre ohne die tatkräftige Unterstützung von Benedikt Bäuerlein, Benedikt Griesbeck und Dr. Luba von Hauff nicht möglich gewesen. Ihnen sei für ihre Arbeit an dieser Stelle gedankt. Ebenso danken wir Stefan Leicht für die Erfassung des Textes, Rosemarie Mayr und Carola Samlowsky für die redaktionelle Betreuung im Verlag sowie Dr. Daniel Bussenius für viele wertvolle Hinweise.